# Jesus,
### o homem que preferia as mulheres

# Jesus, o homem que preferia as mulheres
Título original: *Jésus, l'homme qui préférait les femmes*
Christine Pedotti

© Christine Pedotti, 2018
© n-1 edições, 2024
ISBN 978-65-6119-002-2

Embora adote a maioria dos usos editoriais do âmbito brasileiro, a n-1 edições não segue necessariamente as convenções das instituições normativas, pois considera a edição um trabalho de criação que deve interagir com a pluralidade de linguagens e a especificidade de cada obra publicada.

COORDENAÇÃO EDITORIAL Peter Pál Pelbart e Ricardo Muniz Fernandes
DIREÇÃO DE ARTE Ricardo Muniz Fernandes
GESTÃO EDITORIAL Gabriel de Godoy
ASSISTÊNCIA EDITORIAL Inês Mendonça
TRADUÇÃO © Hortência Lencastre
PREPARAÇÃO Flavio Taam
REVISÃO Fernanda Mello
EDIÇÃO EM LaTeX Paulo Henrique Pompermaier e Rogério Duarte
CAPA Paula K. (Mirah Atelie de Ideias)

A reprodução parcial deste livro sem fins lucrativos, para uso privado ou coletivo, em qualquer meio impresso ou eletrônico, está autorizada, desde que citada a fonte. Se for necessária a reprodução na íntegra, solicita-se entrar em contato com os editores.

1ª edição | Abril, 2024
n-1edicoes.org

# CHRISTINE PEDOTTI
*Tradução* Hortência Lencastre

# Jesus,
## o homem que preferia as mulheres

n-1
edições

Para Joseph Doré, *por causa de Jesus*

# SUMÁRIO

| | |
|---|---|
| Introdução | 9 |
| Os Evangelhos: uma história de homens. Será? | 13 |
| Maria, "bendita sois vós entre as mulheres" | 23 |
| O casamento ou o celibato de Jesus | 35 |
| Jesus, o homem que olha para as mulheres | 45 |
| Jesus, o homem que admira as mulheres | 55 |
| Jesus, o homem que fala com as mulheres | 65 |
| Jesus, o homem que liberta as mulheres | 75 |
| Jesus, o homem que toca as mulheres e se deixa tocar | 87 |
| A Boa-Nova anunciada e confiada às mulheres | 101 |
| As mulheres preferidas e esquecidas | 111 |
| Conclusão | 121 |
| Anexo | 127 |

Para as citações bíblicas, consultamos a tradução brasileira da *Bíblia de Jerusalém* (*Paulus*, 2020), cuja edição francesa é a utilizada no original.

# INTRODUÇÃO

O ingresso das mulheres na esfera pública e o acesso a direitos e deveres estritamente equivalentes aos dos homens são uma revolução sem precedentes na história. Uma revolução que ainda está longe de terminar e que, aliás, não atinge todas as mulheres em todos os países, mas cujo avanço parece ser inexorável e, esperemos, irreversível. Em toda parte as instituições se movimentam, não sem atrito, não sem tensão, não sem recuo, às vezes – não é assim com todas as grandes revoluções? –, mas, globalmente, elas evoluem no sentido de uma igualdade em dignidade e em direitos.

Entre essas instituições, no entanto, existem algumas que não têm qualquer intenção de ceder a esse impulso, e que resistem a ele em nome de certezas mais poderosas que o próprio movimento da humanidade. É o caso da maioria das grandes organizações religiosas. Sua convicção de uma diferença radical entre os sexos apoia-se na certeza de saber aquilo que Deus quis e continua querendo; uma convicção tão profundamente interiorizada que ninguém se atreve a interrogá-la seriamente, ainda mais porque os "vigilantes do templo", na maioria das vezes, são homens. O resto do mundo pode mudar, podemos ver mulheres exercendo, pouco a pouco, todas as funções de responsabilidade, dirigindo países inteiros ou grandes empresas, mas, em inúmeras instituições religiosas, continua-se a afirmar: "Deus disse... Deus quer... Deus não quer..."

Cristã de confissão católica, não me cabe pedir explicações a outras tradições religiosas além da minha. Existem, porém, nesta terra cerca de dois bilhões de cristãos, dos quais um bilhão e trezentos mil católicos. A maneira como as mulheres são consideradas nessa religião não está, consequentemente, à margem da situação e do progresso geral da humanidade.

Como saber, então, o que Deus diz e pensa, particularmente sobre as mulheres? No cristianismo, o conhecimento da Palavra divina passa por uma figura histórica, um ser vivo perfeitamente identificado, Jesus. Um homem – um ser humano, no caso, masculino – que os crentes afirmam ser o Verbo de Deus vindo à terra dos humanos, tendo "encarnado" como homem. O que seria, então, mais fácil que interrogar o próprio Jesus? Quem melhor que ele conhece as "intenções de Deus"?

Mas como interrogá-lo, se ele viveu na nossa terra há dois milênios? A resposta é evidente: dispomos dos Evangelhos, quatro textos escritos nas primeiras comunidades que quiseram saber sobre ele, algumas décadas depois dos fatos. É verdade que seus autores são masculinos, e é possível que eles tenham se deixado influenciar pelas mentalidades do seu tempo, que seus escritos sejam marcados por aquilo que eles são: homens nascidos num mundo profundamente patriarcal onde as mulheres valiam muito pouco ou nada. Encontramos sinais, por exemplo, no Evangelho de Mateus, no qual, por ocasião da multiplicação dos pães, está indicado que milhares de homens foram alimentados "sem contar mulheres e crianças" (Mateus 14:21; 15:38). No entanto essa fonte quádrupla precisou provar sua competência para abordar Jesus. E, há várias décadas, o trabalho dos exegetas vem criando métodos científicos confiáveis que permitem estabelecer, com um grande grau de probabilidade, o que vem propriamente de Jesus e o que é mais certamente uma retroprojeção da experiência das primeiras comunidades de crentes.

Empenhei-me, portanto, numa leitura precisa e escrupulosa dos Evangelhos. Não sou a primeira a fazê-lo. Grandes figuras como France Quéré, que foi uma pioneira do estudo das mulheres no Evangelho, vieram antes de mim. Essa questão continua viva, há décadas, mesmo que as publicações se sirvam mais do viés literário que do trabalho estrito sobre os textos. Algumas vozes ressoam, inclusive de homens (até mesmo do papa Francisco), lembrando o papel e o lugar das mulheres, em particular no anúncio da Ressurreição. Entretanto, até agora, nada consegue modificar seriamente a visão tradicional de um Jesus ao centro de um círculo de doze homens. A questão das mulheres permanece quase sempre "ornamental" e, em resumo, anedótica. Continuamos fazendo como se tudo o que verdadeiramente importasse tivesse sido tratado entre o mestre e doze dos seus discípulos, chamados "apóstolos", a quem tudo teria sido entregue pelo próprio Jesus, e que fundariam uma linhagem de poder e de saber exclusivamente masculina.

De minha parte, neste livro, não procurei, como inúmeros trabalhos fizeram com talento, mostrar a qualidade das mulheres que estão nos Evangelhos, retratando-as, mas observei minuciosamente as *relações* que Jesus estabelece com elas e com o mundo feminino. Não me afastei dos textos ditos "canônicos", aqueles que as Igrejas reconhecem como suportes da fé cristã. Não deixei qualquer lugar para a imaginação. Contentei-me em tomar os textos dos Evangelhos tal como eles existem desde as origens. Examinei cada encontro, cada palavra trocada, cada gesto através do qual mulheres se relacionam com Jesus. No fundo, apenas li com atenção, com seriedade, aquilo que o texto diz verdadeiramente, aquilo que ele mostra e permite compreender, por pouco que seja lido, observado, ouvido, com olhos e ouvidos liberados da massa de séculos de leituras e interpretações... pesadamente masculinas.

E não me decepcionei. Descobri que não só existem mulheres nos Evangelhos – muitas –, como também elas não fazem apenas parte da decoração. Não só estão presentes nos momentos cruciais, decisivos, mas Jesus – se acreditarmos nos evangelistas que escreveram as narrativas – tem relações intensas e particulares com elas. A ruptura com os hábitos do seu tempo é flagrante, tanto esse homem parece indiferente àquilo que chamamos hoje de "estereótipos de gênero". Ele trata as mulheres como pessoas inteiras, sem lhes atribuir nenhum papel em função do sexo.

Podemos dizer com isso que ele se comporta com as mulheres da mesma maneira que com os homens? Nem sempre. Em inúmeras ocasiões ele parece mais à vontade, mais descontraído com elas, ao passo que, com seus contemporâneos masculinos, está constantemente irritado, impaciente, sobretudo com aquilo que ele chama de "hipocrisia" nas suas práticas religiosas. Ele manifesta muitas vezes sua amargura diante da incompreensão dos próprios discípulos, como no Evangelho de Mateus: "Por que tendes medo, homens fracos na fé?" (Mateus 8:26). "Nem mesmo vós tendes inteligência?" (Mateus 15:16).

Por outro lado, não encontramos qualquer palavra pejorativa em relação às mulheres; pelo contrário, observamos da parte de Jesus uma tolerância constante, uma atenção, uma forma de ternura.

O contraste é tão surpreendente que me parece possível dizer que Jesus não apenas gostava das mulheres e apreciava sua companhia, mas que, simplesmente, ele as preferia.

# OS EVANGELHOS: UMA HISTÓRIA DE HOMENS. SERÁ?

Debate encerrado: o cristianismo, como todas as religiões, é uma história de homens. As mulheres estão destinadas a um único papel, o serviço: servir aos homens, colocá-los no mundo, alimentá-los, cuidar deles, dar-lhes filhos. As cozinhas, os quartos de dormir, os quartos das crianças são seu domínio. Piedosas, submissas, silenciosas, assim são as mulheres ideais e esta é sua verdadeira beleza. O cristianismo, aliás, lhes dá um modelo, o da mãe perfeita, Maria, mãe de Jesus, aquela que se calava e "conservava a lembrança de todos esses fatos em seu coração" (Lucas 2:51). Mas será que esse ideal proposto às mulheres durante séculos é aquele incentivado por Jesus, aquele que encontramos nos Evangelhos?

O que é certo e comprovado é que o modelo amplamente dominante no mundo antigo, no tempo de Jesus, mostra uma dominação exclusivamente masculina. Naquele momento, o fato é universal. O mundo judaico lê no texto original da Criação que a mulher é uma "ajuda" dada ao homem por Deus. Os mundos romano e grego não são menos misóginos: neles, as mulheres não têm direitos políticos e são, às vezes mais, às vezes menos, propriedade dos homens, do pai, do esposo, e se a história registrou a influência das matronas de Roma ou das figuras de mulheres de negócios no mundo greco-latino, elas são sempre exceções.

É possível que Jesus tenha tido uma atitude diferente da de seus contemporâneos em relação às mulheres? Se foi esse o caso, haveria a mínima chance de descobri-lo, sabendo que os quatro Evangelhos, que são as principais fontes que nos dão acesso a Jesus, aos seus gestos e palavras, foram escritos por homens?

Se olharmos o que foi a prática dos grupos religiosos e das diferentes Igrejas que invocaram Jesus, é evidente que sua atitude em relação às mulheres foi rigorosamente à imagem dos costumes do seu tempo. Até muito recentemente, as mulheres não exerceram nenhuma responsabilidade, foram consideradas como menores que deveriam permanecer sob a autoridade de um homem. O clero, encarregado de interpretar os textos, de enunciar as regras, de celebrar o culto, foi durante longos séculos composto exclusivamente de homens.

As Igrejas protestantes permitiram que as mulheres exercessem funções relativas ao culto somente há algumas dezenas de anos. Vimos assim mulheres que se tornaram pastoras e, depois, na Igreja anglicana, também chamada de "episcopal", sacerdotisas e até mesmo bispas.[1] Mesmo assim, o exercício dessas funções pelas mulheres foi visto por alguns como algo totalmente escandaloso e contrário à "lei divina", a ponto de provocar rupturas e cismas.

Na ortodoxia, começa a surgir uma pequena mudança, pois algumas mulheres foram ordenadas diaconisas na Igreja armênia, em setembro de 2017, e, em 2016, o patriarcado grego de Alexandria decidiu restaurar um diaconato feminino.

Em Roma, entre os católicos, o papa Francisco nomeou uma comissão de estudo sobre o diaconato feminino, mas a proibição do acesso à formação sacerdotal continua definitiva. Além disso, vemos muito bem que essas mudanças acontecem sob a pressão da sociedade e não são um movimento próprio às religiões. Durante dois milênios, esse assunto quase nunca foi abordado. E quando, durante o século xx, surge a questão de as mulheres poderem se tornar membros do clero, a resposta massiva é que "Jesus não quis". Essa "vontade" de Jesus é lida na escolha apenas de homens entre os Doze, os quais constituiriam a origem do

---

1. Em francês todas essas funções ainda não têm palavra para o feminino. Em português já há os termos "pastora", "bispa" e "diaconisa" (cf. parágrafo seguinte). Em relação a "padre", supondo a reivindicação de abrir às mulheres o sacerdócio, observa-se o ensaio das soluções como "mulher padre" e "padre mulher". Trata-se de meras opções, ainda sem uso estável. Essa tradução optou por sacerdotisa, aquela que exerce o sacerdócio. [N. T.]

clero atual. Debate encerrado, não se discute mais. É exatamente o que declara o papa João Paulo II, em 1994: "Por essa razão, para que não subsista nenhuma dúvida sobre uma questão de tamanha importância relativa à própria constituição divina da Igreja, declaro, tendo em vista minha missão de confirmar meus irmãos (cf. Lucas 22:32), que a Igreja não tem, de maneira alguma, o poder de conferir a ordenação sacerdotal às mulheres e que essa posição deve ser definitivamente assumida por todos os fiéis da Igreja".[2]

Muitos elementos podem ser discutidos com esse raciocínio – no final deste livro há um breve resumo desse assunto. Porém é bastante lamentável que a relação de Jesus com as mulheres seja dominada principalmente pela questão do acesso das mulheres ao clero. Existe aí uma maneira totalmente deturpada de abordar as coisas: sabemos de antemão a resposta que queremos obter e buscamos elementos para sustentá-la. Os refratários à ordenação das mulheres querem provar que Jesus, ao escolher apenas homens, queria que fosse assim; os opositores querem provar o contrário. Nos dois casos, a relação que Jesus mantém com as mulheres é ocultada. É um pouco como se lêssemos *Moby Dick* para encontrar ali elementos a favor ou contra a pesca da baleia: não teríamos nos desviado totalmente da obra?

O que é ainda mais grave é que esse foco no acesso das mulheres ao clero impediu, em parte, uma nova leitura que poderia ser feita dos Evangelhos, no momento em que as mulheres se tornavam leitoras, pesquisadoras, exegetas e teólogas, em vez de simplesmente ouvintes, seguidoras, aprendizes.

### Finalmente as mulheres leem o Evangelho

Apesar da persistência da proibição que pesa sobre a ordenação das mulheres, a leitura que elas fazem dos Evangelhos permitiu uma renovação, modificando a percepção do mundo no qual Jesus caminhava.

---

2. Carta Apostólica *Ordinatio Sacerdotalis*, 1994, que retoma a declaração *Inter insigniores* de Paulo VI, em 1976.

Onde por séculos praticamente só vimos homens e a Virgem Maria aparecem novas figuras. É verdade que aqueles que chamamos de "discípulos" e "apóstolos", na primeira fila dos quais estão os Doze, têm um lugar central, mas começamos a observar mulheres. É claro que, se procurarmos mulheres da mesma importância de Pedro, André, Tiago, João, Mateus, Tomé ou Judas, ficaremos decepcionados. Não há Pedrina, Andréa, Joana ou Judite. Na verdade, há poucos nomes femininos nos Evangelhos. Quase todas as mulheres se chamam Maria (Miriam) e se distinguem pela origem ou pela família. Há uma Maria originária de Magdala, uma outra que é mãe de José, uma terceira que é a irmã de Lázaro. Contando com a mãe de Jesus, Maria de Nazaré, serão cinco ou seis. Além das Marias, encontramos uma Marta, uma Suzana, duas Salomés, e é mais ou menos tudo. A maioria das mulheres não tem nome, ou eles não são citados. É o caso das irmãs de Jesus, no plural, o que nos faz supor que haja pelo menos duas, enquanto os nomes dos irmãos são determinados: Tiago, José, Simão e Judas (Mateus 13:55). Provavelmente esses eram os hábitos judaicos da época. Os nomes das mulheres são usados na esfera privada, dentro de casa. Saber o nome de uma mulher já seria uma forma de ofensa ao seu pudor. Aliás, podemos observar que, dos quatro Evangelhos, o que menciona a maioria dos nomes femininos é o de Lucas, que é de origem grega e, por isso, menos sensível aos hábitos do judaísmo.

Mesmo sem saber seus nomes, encontramos ao final mais mulheres do que imaginávamos, nas páginas dos Evangelhos. Um rápido recenseamento mostra as seguintes proporções: o campeão é, sem surpresa, Lucas, com 40% de personagens femininas (inclusive nos exemplos escolhidos para as parábolas); há 30% em Marcos e apenas 25% no texto de Mateus e no de João. Observemos, no entanto, que nesse último evangelista os personagens femininos são importantes e funcionam como pivôs da narrativa: a mãe de Jesus em Caná e ao pé da cruz, a samaritana, Marta e Maria quando da ressurreição de Lázaro, a mulher adúltera e, para terminar, a suntuosa figura de Maria Madalena (ou Maria de Magdala) diante do túmulo. Embora não sejam muitas, são incontestavelmente a parte mais bela.

O texto mais misógino – embora esse termo seja muito anacrônico – é o de Mateus. Nele as mulheres são quase sempre decorativas. Por exemplo, embora ele seja um dos dois evangelistas que conta o nascimento de Jesus, ele consegue dar às mulheres, e justamente à Maria, o lugar que lhes cabe. Assim, a Anunciação por um anjo não é feita a Maria, mas a José. E é ele, em toda a sequência seguinte – nascimento, visita dos magos, fuga para o Egito, retorno a Nazaré –, o único personagem que age. Maria é uma personagem passiva que nunca abre a boca e não esboça o menor gesto. Ela é a "mãe do menino", e isso é tudo (Mateus 1:18-24). Seria por acaso que o texto de Mateus é exatamente aquele que, historicamente, teve a preferência da Igreja Católica? É preciso também dizer que esse Evangelho se dirige originalmente às comunidades de crentes profundamente ligadas ao judaísmo, o que pode explicar o lugar pouco importante das mulheres.

Mesmo em Mateus e nos outros evangelistas, no entanto, não há qualquer palavra desagradável sobre as mulheres, embora na época existisse uma boa quantidade de provérbios muito pouco amáveis: "goteira sem fim são as queixas da mulher" (Provérbios 19:13). E, de fato, vamos encontrar no Evangelho de Lucas a menção ao fato de que os discípulos não acreditam naquelas que voltam do sepulcro e anunciam a ressurreição, pois "essas palavras, porém, lhes pareceram desvario" (Lucas 24:11).

Se os Evangelhos são definitivamente menos misóginos que a prática religiosa apoiada neles, é preciso relê-los com um outro olhar. Nós, mulheres e homens, que abordamos esses textos, estamos moldados pelas leituras e pelos comentários que nos precederam. Só que esses textos, durante longos séculos – com raras exceções –, foram lidos apenas por homens, num mundo e para uma sociedade na qual o poder e o saber estavam nas mãos dos homens. Não se trata de jogar pedra nos nossos antecessores, mas é necessário constatar que eles leram nesses textos somente aquilo que eram capazes de compreender e abordar. O recente movimento antropológico que emancipou as mulheres deu a elas o acesso ao saber, permitindo que se tornassem não apenas médicas, matemáticas ou astronautas, mas também exegetas e leitoras eruditas dos textos religiosos – o que, tanto nesse domínio quanto em muitos outros, mudou a compreensão desses textos. As mulheres invisíveis do Evangelho passaram a ser visíveis e, a partir de então, elas desenham um outro rosto de Jesus.

## A mulher do perfume

O episódio da mulher que perfuma os pés de Jesus durante uma refeição entre homens, uma espécie de clube de sábios religiosos, é particularmente revelador das relações entre os sexos, naquele mundo judaico antigo, e da maneira "disruptiva" pela qual Jesus as considera. Eis a cena:[3]

Simão esperava por esse momento há muito tempo. Finalmente, o famoso Jesus, o pregador de Nazaré, havia aceitado comer com ele e alguns amigos, um pequeno grupo de fariseus, judeus muito devotos que dedicavam a vida à interpretação da Lei e à sua obediência em todas as situações. Por vários dias, Simão pensava nas perguntas que ia poder fazer, pois dizia-se que o homem era forte na arte da discussão. Entretanto não se sabia muita coisa sobre ele. Diziam que era originário de Nazaré, uma pequena aldeia fincada numa colina no coração da Galileia. Sua reputação, porém, não parava de crescer. Logo que sua visita era anunciada numa cidade ou vilarejo, as multidões se aglomeravam para tentar vê-lo, aproximar-se dele, tocar ao menos a ponta da sua veste. Diziam que ele falava como ninguém havia feito antes. Mas de onde ele tirava aquilo que dizia? Quem fora seu mestre? Simão estava decidido a esclarecer tudo isso. Com algumas perguntas bem escolhidas, ele seria capaz de saber com quem Jesus havia estudado – se fosse o caso – ou se era um impostor, um desses pregadores errantes como tantos, infelizmente, naquela época.

3. É a autora que reescreve a passagem que está em Lucas 7, 36–50. [N. T.]

Nada foi improvisado para a refeição. Os assentos tinham sido distribuídos em forma de estrela, em volta de uma grande mesa sobre a qual os criados já haviam colocado frutas e legumes em abundância e broas de pão ainda mornas. As jarras de vinho estavam cheias. As ordens do dono da casa eram rígidas: as taças não deveriam ficar vazias. O vinho era de qualidade, soltava as línguas sem inflamar demais os espíritos. O homem tinha que ficar à vontade, o bastante para se revelar.

Um último olhar, um sorriso passou pelo rosto de Simão: tudo estava perfeito. Os primeiros convidados começaram a chegar e Simão designava seus lugares. Todos se conheciam e estavam habituados a se encontrar para discutir pontos delicados da Lei e da tradição religiosa. Boa comida, convidados distintos, conversa brilhante: o que um homem pode querer mais?

Finalmente chega aquele que todos esperavam. Era um homem simples, de porte altivo, ainda jovem, cerca de trinta anos, rosto avermelhado pela vida ao ar livre. Diziam que até pouco tempo antes ele tinha sido carpinteiro, e, a julgar por suas mãos e ombros fortes, era bem possível.

Recitaram-se os salmos e a bênção foi dada como convém. Começando por Simão, que presidia a refeição, a grande taça de vinho foi passada de conviva para conviva e depois, confortavelmente estirados e apoiados numa grossa almofada, cada um começou a mergulhar a mão na travessa de carne que acabara de chegar, a degustar o molho com um pedaço de pão, a beliscar uma cebola aqui, um pepino ali, ou uma uva. O vinho abundava e a conversa se instalou, conduzida com tato e discrição pelo próprio Simão, que cuidava para que cada um pudesse tomar a palavra. O convidado apreciava a refeição, mas se contentava em balançar a cabeça para mostrar que escutava. Simão aguardava uma ocasião para poder questionar diretamente seu convidado.

Foi então que, surgida não se sabe de onde, uma mulher entrou na sala esgueirando-se por trás dos assentos. Antes que Simão tivesse tempo de fazer um sinal aos criados para que retirassem a intrusa, ela localizou aquele que procurava e logo suspendeu o véu que escondia sua longa cabeleira e o rosto excessivamente maquiado. Apertava contra ela um frágil frasco de argila. Sem dizer uma palavra, ela se ajoelhou e, com um único gesto, derramou todo o seu conteúdo sobre os pés de Jesus. O forte perfume se espalhou por toda a sala. Mas a mulher não ficou só nisso. Usando os cabelos como se fossem um pano, enxugou os pés do homem, lentamente e com devoção. As lágrimas escorriam por suas faces e a pintura dos olhos se desmanchava em longos riscos escuros.

Os convivas se calaram e, apoiados nos cotovelos, observavam a cena como se estivessem siderados. Seus olhares iam da mulher para Jesus, sem entender. Este, em vez de afastá-la com horror, ela e seus gestos obscenos, deixava que prosseguisse. Como ele podia se deixar tocar assim? Ele não via o que era aquela mulher? Uma reles mulher, bastava observar a vulgaridade das roupas espalhafatosas, a quantidade de joias ruidosas cujas moedas de cobre, que tilintavam ao menor gesto, cobriam-lhe todo o corpo, braços, tornozelos e pescoço. Não era mais uma mulher, era um ruído ambulante. E cada um sabia muito bem o que significava aquilo, não era preciso ser profeta ou vidente para saber que aquela pessoa vendia seus encantos. E, de repente, ela cobre de beijos os pés de Jesus!

Sem fazer o menor gesto para afastá-la, Jesus percorreu a assembleia com o olhar e depois dirigiu-se ao anfitrião:

> Simão, tenho uma coisa a dizer-te [...]. Um credor tinha dois devedores: um lhe devia quinhentos denários e o outro cinquenta. Como não tivessem com que pagar, perdoou a ambos. Qual dos dois o amará mais? (Lucas 7:40-42).

Os convivas conheciam bem os métodos usados por Jesus. Estavam habituados. Era assim, por meio de exemplos, que se discutia a Lei e sua aplicação. Simão não se perturbou. Por um instante, esqueceu a perdida prostrada aos pés de seu convidado. Afinal, fora para isso que ele convidara esse tal de Jesus, para observar ele mesmo seu talento no debate intelectual. Aceitou então o jogo, de boa vontade, sem ver aonde Jesus o levava. "Suponho que aquele ao qual mais perdoou – Jesus lhe disse: Julgastes bem"

(Lucas 7:43). Agora, olha essa mulher e o que ela fez. Você me convidou para vir à sua casa, mas não lavou meus pés. Ela os molhou com suas lágrimas e secou-os com seus cabelos. Você não me beijou, ela cobriu meus pés de beijos. Você não espalhou óleo perfumado na minha cabeça, ela me encheu de perfume. Está vendo, estou dizendo que os pecados dela, sim, seus numerosos pecados foram perdoados. Porque demonstrou muito amor, ela será muito perdoada. Mas aquele que tem pouco para ser perdoado, demonstra pouco amor. Depois, ele se voltou para a mulher que continuava ajoelhada e disse: "Teus pecados são perdoados" (Lucas 7:48).

Ouvindo essas palavras, os convivas franziram as sobrancelhas. Quem era aquele? Não só se deixava acariciar em público por uma mulher à toa, não só criticava seu anfitrião, o honorável Simão, cuja grande probidade e devoção todos conheciam, mas ele parecia ter também o direito de perdoar as faltas, uma prerrogativa pertencente unicamente a Deus...

Mas Jesus não prestou atenção aos rostos graves. Apenas a mulher lhe importava. Ele prosseguiu: "Tua fé te salvou: vai em paz" (Lucas 7:50).

Esse episódio, narrado no Evangelho de Lucas, mostra a que ponto a atitude de Jesus é singular e o quanto ela pode chocar seus contemporâneos. Essa mulher tem tudo para desagradar: hábitos duvidosos, comportamento inadequado, tudo que a exclui da sociedade. Em um mundo no qual as mulheres honestas são as guardiãs do lar e cumprem suas obrigações dentro de casa, onde a modéstia, a reserva e o pudor estão entre as qualidades mais apreciadas, a mulher das ruas que entra na casa de Simão é uma espécie de objeto de repulsa. Os homens provavelmente a frequentam, mas da maneira mais furtiva possível, às escondidas, e ninguém gostaria que dissessem serem coniventes com ela. Seu "pecado", que Jesus reconheceu, é certamente de natureza sexual. Embora ela o cometa com e para os homens que requisitam seus serviços, é evidentemente ela, e apenas ela, que é apontada com o dedo. Desse modo, num mundo em que essencialmente os homens têm direitos e as mulheres têm deveres, a tolerância de Jesus em relação àquela mulher causa surpresa.

Fica então a pergunta: os Evangelhos seriam menos misóginos do que imaginamos?

# MARIA, "BENDITA SOIS VÓS ENTRE AS MULHERES"

Se pedíssemos às pessoas para citar personagens femininas do Evangelho, não teríamos a menor dúvida de que a resposta majoritária, talvez mesmo a única, seria: "A Virgem Maria". E não é apenas o grande público que restringe a essa única figura a presença das mulheres na esfera religiosa cristã. Na Igreja Católica, o papa João Paulo II colocou como argumento àquelas que exigiam um lugar melhor para as mulheres (e seu acesso ao sacerdócio) que Jesus não tinha feito da própria mãe nem apóstola nem sacerdotisa.[1] E, no entanto, ele acrescentava que ela evidentemente tinha toda a dignidade para o cargo. Assim, como as mulheres "comuns" poderiam pretender um papel que não tinha sido atribuído à mais perfeita das mulheres pelo mais justo dos filhos?

Também é verdade que as tradições cristãs da ortodoxia, e mais ainda do catolicismo, elaboraram um culto à Virgem Maria que, em certos casos, eclipsa o próprio Deus. O Pai, o Filho e o Espírito Santo estão muito atrás de Maria. Basta ver os títulos que lhe são atribuídos: "trono da sabedoria", "rainha do universo", "estrela da manhã", "porta do céu" e muitos outros. Nesse assunto, a devota imaginação não tem limites, amplamente apoiada pelas autoridades religiosas. A maior parte das catedrais é dedicada a ela, e, entre as maiores peregrinações da cristandade, as em louvor da Virgem estão na primeira posição. Guadalupe, Lourdes, Fátima e Częstochowa rivalizam com Roma e Jerusalém.

Entretanto essa grande devoção por Maria está muito longe de refletir o lugar que ela ocupa nos Evangelhos.

---

1. *Ordinatio sacerdotalis*, op. cit.: "De resto, o fato de Maria Santíssima, Mãe de Deus e Mãe da Igreja, não ter recebido a missão própria dos Apóstolos nem o sacerdócio ministerial mostra claramente que a não admissão das mulheres à ordenação sacerdotal não pode significar uma sua menor dignidade nem uma discriminação a seu respeito, mas a observância fiel de uma disposição que se deve atribuir à sabedoria do Senhor do universo".

## Maria, tão discreta nos Evangelhos sinóticos

O mais prolixo dos evangelistas é Lucas. Ao dedicar o começo de sua narrativa ao nascimento e à infância de Jesus, é a ele que devemos o essencial de nossos conhecimentos sobre a jovem da Galileia chamada Maria. Ela recebe de um anjo o anúncio do nascimento de um salvador – trata-se da Anunciação. Ela vai até a Judeia, ao encontro de sua prima, Isabel, que também será mãe (seu filho será o futuro João, de sobrenome Batista). É nessa ocasião, chamada de Visitação, que ela entoa um belo texto laudatório conhecido pelo nome de *Magnificat*. Depois, o nascimento, em Belém, e a visita dos pastores. Ela ainda está lá quando o menino é apresentado no Templo, quarenta dias depois do nascimento. Ela recebe, com José, as predições da profetiza Ana e de Simeão, que reconhecem a personalidade excepcional do menino. Para terminar, Maria aparece outra vez, na cena da peregrinação ao templo de Jerusalém, quando Jesus tem doze anos. É nessa ocasião que ele escapa dos pais, Maria e José, e fica no Templo discutindo com os sábios da lei religiosa. Os pais, inquietos, reencontram o adolescente fujão que, segundo o texto, permanece desde então submisso a eles (Lucas 1:26–80; 2). A partir desse momento – estamos no segundo capítulo de um texto que tem vinte e quatro – Maria desaparece quase totalmente. Ela é citada diretamente mais uma vez quando, acompanhada pelos irmãos de Jesus, tenta forçar a porta da casa onde este fala a um pequeno grupo que viera escutá-lo. Recusando a se interromper para encontrar a família, ele pronuncia a seguinte frase: "Minha mãe e meus irmãos são aqueles que ouvem a Palavra de Deus e a põem em prática" (Lucas 8:21), indicando sua escolha de um parentesco mais espiritual do que carnal.

Podemos ainda mencionar uma segunda citação, agora indireta. Um dia, numa multidão, uma mulher grita durante a passagem de Jesus: "Felizes as entranhas que te trouxeram e os seios que te amamentaram." É a mãe de Jesus que é assim designada, bendita e louvada, mas Jesus, em vez de aprovar, replica:

"Felizes, antes, os que ouvem a Palavra de Deus e a observam" (Lucas 11:27-28). Novamente, ele privilegia o parentesco do espírito e não da carne.

Tanto nesse Evangelho quanto nos de Marcos e Mateus, os três chamados de "sinóticos" porque sua estrutura permite que sejam lidos de uma só vez, em três colunas, Maria não tem lugar nem papel no grupo dos discípulos, homens e mulheres que seguem Jesus. Nada permite afirmar que ela está com eles, e tudo leva a crer que ela ficou em casa, em Nazaré. Particularmente, sua presença nunca é mencionada nos acontecimentos que se desenrolam em Jerusalém, em torno da condenação e da morte de Jesus, nem ao pé da cruz, nem no sepultamento, nem na Ressurreição. Ela reaparece, entretanto, de maneira furtiva, na primeira comunidade constituída de crentes em Jesus ressuscitado. O evangelista Lucas, na segunda parte de sua obra, os Atos dos Apóstolos, nota a presença de Maria entre os discípulos, antes de Pentecostes. A tradição também considera que ela está presente no momento do dom do Espírito Santo, embora o texto não seja totalmente explícito nesse ponto. Ele afirma que, depois da ascensão de Jesus, Maria e os irmãos deste estão em Jerusalém com os discípulos (que agora são apenas onze, depois da traição e do suicídio de Judas) e outras mulheres. Em seguida, o texto narra a escolha do substituto de Judas. Nesse momento, "o número das pessoas reunidas era de mais ou menos cento e vinte" (Atos 1:15). A narrativa continua assim: "Tendo-se completado o dia de Pentecostes, estavam todos reunidos no mesmo lugar" (Atos 2:1). Quem são aqueles sob a expressão "todos reunidos"? O pequeno grupo inicial dos onze, que eram novamente doze, com as mulheres, a mãe e os irmãos de Jesus, ou os cento e vinte reunidos quando foi escolhido o décimo segundo homem, Matias? Uma análise atenta do texto não permite determinar.

Na tradição pictural ocidental (católica), essa cena é representada com Maria no meio dos Doze, enquanto na tradição oriental dos ícones (ortodoxia) geralmente figuram apenas os

Doze. Nas duas tradições, entretanto, as outras mulheres, chamadas de "santas mulheres", pois são as testemunhas diretas da Ressurreição, assim como os outros discípulos (e os irmãos de Jesus), foram omitidas.

A leitura tradicional do texto desse episódio elimina a presença de todas as mulheres, exceto Maria, enquanto uma análise precisa do texto mostra que a presença delas está atestada, assim como a da mãe de Jesus.

Mateus também conta o nascimento de Jesus. O nome de Maria é citado; ela é a mãe de Jesus, mas, como já dissemos, é uma presença absolutamente muda e sem a menor iniciativa. O herói do nascimento e da infância de Jesus é José. É ele quem recebe em sonho a revelação do futuro nascimento e de seu caráter divino e, depois disso, acolhe a jovem, de quem está noivo. O menino nasce em Belém, que, nesse texto, parece ser o local da residência dos esposos. É lá que acontece a visita dos magos, sábios que observam os astros e que teriam visto surgir uma nova estrela, signo do nascimento de um rei. Depois desse episódio, o rei Herodes ordena o massacre de todas as crianças de menos de dois anos para eliminar todo futuro rival. Diante da ameaça, é José quem age novamente. Avisado em sonho sobre o perigo, ele foge para o Egito com a esposa e o menino. O Evangelho explica que ele decide voltar quando a morte de Herodes é anunciada e que, por cautela, vai viver na Galileia, longe da Judeia e do poder central.

De modo singular, Mateus usa inúmeras vezes a expressão "o menino e sua mãe". Em seu texto, Maria não tem existência própria. Ela não faz nem diz nada. O capítulo dois termina com a mudança para Nazaré e, sem nenhuma transição, a narrativa recomeça falando de João, que batiza no rio Jordão, e de Jesus, já adulto, que sai da Galileia para receber esse batismo. Nos vinte e seis capítulos seguintes, Maria aparece duas vezes. Na primeira, como em Lucas, ela está acompanhada dos irmãos de Jesus, do lado de fora de um lugar onde o filho ensina. Ela pede para vê-lo, mas ele se recusa a sair para falar com a família. A frase da recusa também é a mesma:

Quem é minha mãe e quem são meus irmãos? [...]. Aqui estão minha mãe e meus irmãos, porque aquele que fizer a vontade de meu Pai que está nos céus, esse é meu irmão, irmã e mãe (Mateus 12:48-50).

O nome de Maria é citado novamente, alguns versículos depois, quando o público da Sinagoga de Nazaré se surpreende com a autoridade de Jesus e se pergunta:

De onde lhe vêm essa sabedoria e esses milagres? Não é ele o filho do carpinteiro? Não se chama a mãe dele Maria e os seus irmãos Tiago, José, Simão e Judas? E as suas irmãs não vivem todas entre nós? Donde então lhe vêm todas essas coisas? (Mateus 13:54-56).

A partir desse momento, a personagem de Maria desaparece totalmente do texto de Mateus.

No Evangelho de Marcos, que, assim como o de João, nada diz do nascimento nem da juventude de Jesus, é preciso procurar Maria com uma lupa. Na primeira cena em que ela é evocada – o episódio em que Jesus se recusa a encontrar a família –, não se fala o seu nome. Marcos menciona irmãos, irmãs e a mãe, que constituem uma espécie de "força tarefa" familiar. O evangelista é o único dos quatro a explicar os motivos pelos quais os familiares de Jesus querem falar com ele: "E quando os seus tomaram conhecimento disso, saíram para detê-lo, porque diziam: 'Enlouqueceu' " (Marcos 3:21). Trata-se, portanto, de levar de volta para casa, mesmo que contra a vontade, um filho e irmão que está em perigo. A família teme por sua vida e por sua saúde mental. Estamos longe de uma Maria silenciosa que "conservava cuidadosamente todos esses acontecimentos e os meditava em seu coração" e "conservava a lembrança de todos os fatos em seu coração", segundo escreve Lucas (Lucas 2:19; 51). O que vemos aqui é uma matriarca que reagrupou os seus e que acredita que vai recuperar o filho perdido e recolocá-lo no bom caminho.

Nesse mesmo Evangelho de Marcos, o nome de Maria é enunciado apenas uma vez, na cena da sinagoga de Nazaré, de maneira similar à narrativa de Mateus (aliás, é ele quem certamente se apoia no testemunho de Marcos). Os habitantes do lugar se espantam: "Não é este o carpinteiro, o filho de Maria, irmão de Tiago, José, Judas e Simão? E as suas irmãs não estão aqui entre nós?" (Marcos 6:3). Se o Evangelho segue uma narração cronológica, parece então que Jesus não foi insensível ao pedido dos familiares, já que ele volta para casa, em Nazaré. Por pouco tempo, entretanto: eles não poderão impedi-lo de partir. E, depois, a personagem de Maria também desaparece total e definitivamente. Marcos também não a menciona em Jerusalém, em torno da morte e da cruz.

### No Evangelho de João, a anônima "mãe de Jesus"

No Evangelho de João, o nome de Maria nunca é pronunciado. Entretanto, a personagem da "mãe de Jesus" aparece em dois episódios muito importantes que, depois daqueles do nascimento narrados por Lucas, alimentarão talvez ainda mais a devoção a Maria. As duas cenas – uma no começo da vida pública de Jesus, nas bodas de Caná, na Galileia, e a outra no derradeiro momento da sua vida, ao pé da cruz, em Jerusalém – estão intimamente ligadas e se refletem.

A cena de Caná é contada no segundo capítulo do Evangelho (João 2:1-12). Antes, Jesus fora até aquele que batiza no Jordão, na Judeia, e junto a ele *recrutou* seus primeiros discípulos. Todos voltam para a Galileia. Ali, a mãe de Jesus é convidada para um banquete de casamento, assim como Jesus e seus discípulos. Durante a refeição, ela percebe que o vinho vai acabar e diz ao filho: "Eles não têm mais vinho". A resposta de Jesus é bastante surpreendente: "Que queres de mim, mulher? Minha hora ainda não chegou". Há séculos, os comentadores censuram essa maneira de se dirigir à sua mãe, chamando-a de "mulher", como se a questão fosse saber se Jesus se dirigia a ela "gentilmente" ou não. Embora isso seja fora de propósito e até mesmo ridículo, é evidente, no entanto, que a escolha do vocábulo não é neutra. Ela mostra que a intenção do evangelista não é nos entregar uma pequena fábula psicológica sobre as relações entre mãe e filho, mas sim dar à personagem da mãe de Jesus a dimensão de uma grande figura simbólica e espiritual. É, portanto, preciso ler o texto buscando os indícios que permitam fazer uma leitura justa, isto é, no sentido do que o evangelista pratica. Estamos em um casamento, e ela é chamada de "mulher". Na simbologia bíblica, a história de Deus com seu povo é representada, em numerosos textos, como uma história de amor na qual o parceiro divino é o esposo e a humanidade a esposa, portanto a mulher. A continuação da resposta de Jesus é ainda mais esclarecedora: "Minha hora ainda não chegou". No Evangelho de João, esse termo que se repete várias vezes designa a hora derradeira, da cruz e da morte, que, do ponto de vista do evangelista, já é a da glória e da vitória da Vida. A hora que ainda não chegou é, portanto, a da glorificação, da manifestação aos olhos de todos de quem é Jesus e do que ele veio realizar da parte de Deus pela humanidade. Entretanto, se Caná não é a hora da realização, é a do começo, do primeiro "sinal". Esta palavra usada no Evangelho de João fornece a interpretação daquilo que acontece em Caná: "Esse princípio dos sinais Jesus o fez em Caná da Galileia e manifestou a sua glória e os seus discípulos creram nele". Caná é assim o começo de algo que continuará e terminará quando for chegada a hora.

Na narrativa que nos dá o evangelista, a mãe de Jesus não fica nem um pouco ofendida com a resposta do filho e não a interpreta como uma recusa, já que imediatamente ela designa Jesus aos serventes do casamento, dizendo: "Fazei tudo o que ele vos disser". Então Jesus, vendo as seis imensas jarras que geralmente servem para as abluções e as purificações rituais, de acordo com os costumes religiosos do judaísmo, ordena que sejam preenchidas de água. Feito isso, ele pede que sejam esvaziadas e provadas pelo chefe do banquete, aquele que cuida dos detalhes da festa. É vinho, um vinho tão bom que o chefe diz ao noivo estar surpreso de que a bebida seja servida apenas quando os convidados já estão embriagados.

O sinal dado em Caná é, portanto, ofertar o vinho para que a festa não seja interrompida. É assim que João, desde o começo da sua fala, dá uma dimensão literalmente cósmica à narrativa que ele faz. As primeiras palavras do Evangelho, aliás, abrem com uma grandiosa perspectiva: "No princípio era o Verbo..." (João 1:1). Trata-se ali de nada menos que as bodas de Deus com a humanidade. Mas não se revela tudo imediatamente. Caná é a primeira das pedras brancas colocadas por João na estrada do leitor e da leitora.

O Evangelho explica que, depois do banquete, Jesus, sua mãe, irmãos e discípulos vão até Cafarnaum, onde ficam pouco tempo. A mãe desaparece então da narrativa. Encontramos sua presença furtiva no discurso conhecido como "pão da vida", no qual Jesus pronuncia palavras que parecem muito misteriosas para aqueles que o escutam: "Eu sou o pão descido do céu. E diziam: Esse não é Jesus, o filho de José, cujo pai e mãe conhecemos? Como diz agora: eu desci do céu" (João 6:41-42).

Fora essa breve alusão, a mãe de Jesus não reaparece antes da cena situada ao pé da cruz, que, como a de Caná, não é narrada por nenhum outro texto além do de João. Dessa vez chegou a hora, aquela que o próprio Jesus anuncia assim: "É chegada a hora em que será glorificado o Filho do Homem" (João 12:23), aquela que o evangelista enuncia ao narrar os últimos momentos de Jesus: "sabendo Jesus que chegara a sua hora de passar deste mundo para o Pai" (João 13:1), e que vamos encontrar várias vezes na boca de Jesus, particularmente na grande oração que começa assim: "Pai, chegou a hora: glorifica teu Filho, para que teu Filho te glorifique" (João 17:1). É o momento derradeiro da morte e das últimas palavras, e o evangelista coloca ali a mãe de Jesus. Ela está ao pé da cruz, se prosseguirmos a ler o texto, com duas outras Marias: a que chamam de "mulher de Clopas" – e que é irmã da mãe de Jesus – e Maria Madalena. Estranhamente, aí também o evangelista não diz o nome da mãe do crucificado. E quando Jesus lhe fala, como nas bodas de Caná, ele a chama de "mulher". Diz o texto do Evangelho:

Jesus, então, vendo a mãe e, perto dela, o discípulo a quem amava, disse à mãe: "Mulher, eis teu Filho". Depois disse ao discípulo: "Eis tua mãe". E, a partir dessa hora, o discípulo a recebeu em sua casa (João 19:26-27).

Essa cena será lida pela tradição cristã (principalmente a católica) como o dom que Jesus faz de sua mãe a toda a Igreja e a toda a humanidade. Mas também poderíamos ler que, por meio desse dom, ele faz do discípulo bem-amado – e, além desse discípulo particular, de todos os discípulos que ainda virão – um irmão. Se olharmos de perto, a cena fala tanto de fraternidade quanto de maternidade. Aliás, o evangelista registra, no grande discurso de adeus de Jesus a seus discípulos, o seguinte enunciado: "Já não vos chamo servos, porque o servo não sabe o que seu senhor faz; mas vos chamo amigos, porque tudo o que ouvi de meu Pai vos dei a conhecer" (João 15:15). A passagem de servo a amigo já é importante, mas, diante do túmulo, o Ressuscitado dirá a Maria Madalena: "Vai, porém, a meus irmãos e dize-lhes: Subo a meu Pai e vosso Pai; a meu Deus e vosso Deus" (João 20:17). Os servos, que se tornaram amigos por meio do ensinamento que receberam, tornam-se irmãos depois da crucificação. Ao dar sua mãe ao discípulo, Jesus se torna irmão dos seus. Ver apenas o alargamento da maternidade de sua mãe é ocultar o da fraternidade. Mas o que está principalmente em jogo, como sempre no Evangelho de João, é a noção de realização. Disso são testemunhas as últimas palavras pronunciadas por Jesus ao dar o último suspiro: "Está consumado" (João 19:30).

Qual é a relação entre essas duas cenas situadas respectivamente no começo e no fim daquilo que chamamos de "vida pública de Jesus"? Qual é a ligação entre a cena trágica da cruz e a alegria das bodas de Caná? As leituras simbólicas do texto de João são quase infinitas. Aqui está uma. Em Caná, o texto indica que as jarras de água são seis, enquanto no simbolismo bíblico a perfeição é o número sete; o desfecho virá com a sétima jarra simbólica, aquela que conclui o projeto divino, assim como o sétimo dia conclui a Criação. A mesma narrativa de João explica que, no momento da crucificação, para confirmar a morte do condenado, um soldado lhe espeta a lança no lado, de onde brotam água e sangue. A partir de então, o círculo está fechado, as bodas de Deus com a humanidade estão completamente celebradas: o vinho da vida eterna escorre em abundância de uma fonte que não secará.

Esses textos são suntuosos; e sua densidade espiritual, sem equivalente. E ver ali uma simples narrativa das relações entre mãe e filho seria reduzi-los a pouca coisa, assim como deduzir da presença da mãe de Jesus, nesses dois momentos cruciais, o que quer que seja sobre as relações que ele mantém com as mulheres em geral. A tradição cristã viu nessa mãe o símbolo da Igreja; na escrita do evangelista, ela será, mais certamente, a "filha de Sião", expressão pela qual o profeta Isaías personaliza o povo fiel que reconhece seu Deus:

> Certamente, Iahweh faz ouvir a sua voz até os confins da terra: Dizei à filha de Sião: Eis que tua salvação está chegando, eis com ele o teu salário; diante dele a sua recompensa. Eles serão chamados "O povo santo", "Os redimidos de Iahweh" (Isaías 62:11-12).

Como podemos ver, se fizermos um levantamento exaustivo, os Evangelhos dizem muito pouco sobre Maria. De modo algum podemos dizer que ela é uma personagem central das narrativas que nos foram transmitidas. Paulo, na epístola aos Gálatas, o texto mais antigo que evoca o nascimento de Jesus, se contenta com uma fórmula sóbria: "Quando, porém, chegou a plenitude do tempo, enviou Deus o seu Filho, nascido de mulher, nascido sob a Lei..." (Gálatas 4:4), uma mulher de quem Paulo ignora tudo, inclusive o nome, e de quem não falará novamente.

Além do pouco que os textos nos oferecem, a devoção por Maria se perderá muitas vezes num labirinto de frivolidades de cunho psicológico ou de construções intelectuais sem apoio nos textos, a menos de seu silêncio. A ausência de Maria de Nazaré nos encontros do Ressuscitado, por exemplo, é tão descabida que várias hipóteses serão formuladas ao longo dos séculos. Encontramos vestígios disso quando o papa João Paulo II escreve: "Imagem e modelo da Igreja que espera pelo Ressuscitado e que, no grupo dos discípulos, o encontra durante as aparições pascais, parece razoável pensar que Maria teve um contato pessoal com seu Filho Ressuscitado, para também celebrar a plenitude da alegria pascal".[2] Esse raciocínio nos deixa desconcertados: o papa constrói Maria como "imagem da Igreja" e deduz que, forçosamente, ela encontrou o filho ressuscitado.

Poderíamos sorrir dessa teologia-ficção, se a dilatação da figura imposta de Maria, virgem e mãe, silenciosa, obediente, até mesmo submissa, não tivesse, ao longo dos séculos, desviado o olhar dos outros personagens femininos do Evangelho. A verdade é que essas mulheres falam, exigem, suplicam, argumentam, e Jesus as observa, fala com elas, toca-as, as consola e as admira. A riqueza de suas relações constitui um painel ainda quase inexplorado dos textos evangélicos.

---

2. João Paulo II, audiência geral de 21 de maio de 1997.

# O CASAMENTO OU O CELIBATO DE JESUS

"Não é bom que o homem esteja só" (Gênesis 2:18). Não se trata de uma simples opinião; segundo a Bíblia, é isso que o próprio Deus exprime quando cria a humanidade. O texto, *stricto sensu*, fala do homem no sentido de pessoa humana – naquele momento, a Bíblia o designa pelo nome de Adão, que o liga à terra (*adama*) da qual ele é originário. Já que não é bom que Adão (*ha-Adam*) esteja só, o Criador divide essa primeira humanidade em um homem e uma mulher. Ele a mergulha num sono profundo, tira-lhe um "lado" e não uma costela, como a maioria dos tradutores e comentadores quis compreender durante séculos, e modela uma outra pessoa humana "face a face". Dessa separação primordial nascem *ish* e *isha*, o homem e a mulher.

No entanto, na época de Jesus, num mundo masculinista e muito patriarcal, é bem provável que esse versículo do Gênesis tenha sido compreendido como visando, principalmente, à humanidade masculina. E é verdade que, por causa dessa palavra bíblica inicial, os rapazes judeus são ardentemente empurrados para o casamento. Os contemporâneos de Jesus se comprometem numa união por volta de dezessete, dezoito anos, enquanto as moças são consideradas em idade de casar a partir de doze anos, desde que atingem a puberdade, que marca a entrada da mulher na sua capacidade de procriar.

Para um rapaz judeu, o casamento é, portanto, uma santa obrigação. No texto do Gênesis, Deus sempre dá à humanidade um dever: "sede fecundos, multiplicai-vos... " (Gênesis 1:28). Ainda por cima, num período marcado por diversas formas de esperança messiânica, ter filhos, e muito particularmente filhos homens, é permitir que da sua linhagem possa surgir um eleito de Deus que saberá se erguer contra o invasor e será o salvador do povo. Sabemos que os mestres que ensinam o judaísmo – na época de Jesus, são chamados de *rabbi*, ancestrais dos rabinos de hoje –, assim como os chefes das sinagogas, exercem uma forte pressão sobre os jovens para que eles se casem. O celibato não é nada valorizado, muito pelo contrário. Alguns mestres o assimilam até mesmo a um crime contra o povo e a vontade divina. Nesse quadro religioso e cultural, seria possível que Jesus não tivesse se casado? Os elementos trazidos ao nosso conhecimento estabelecem o começo de sua vida pública por volta dos trinta anos. Como um jovem judeu devoto e bom conhecedor da lei religiosa pôde se esquivar à obrigação de se casar e ter uma descendência? A pergunta é tão séria que certos especialistas do mundo judeu, do século I, não hesitam em admitir que Jesus poderia ter se casado na idade então usual, por volta dos dezoito anos.

Como os textos do nosso conhecimento não fazem alusão alguma a uma esposa ou a uma família de Jesus, salvo aquela da qual ele é oriundo, esse silêncio é explicado por uma viuvez precoce. A hipótese é ao mesmo tempo romanesca e romântica. O jovem Jesus teria se casado, na idade apropriada aos homens judeus e devotos. Podemos imaginá-lo, é claro, muito apaixonado pela esposa que, para infelicidade deles, não apenas não lhe deu descendência, mas também teria sucumbido a uma doença – de fato, a mortalidade na época permite imaginar a morte de uma jovem como algo estatisticamente possível. O jovem esposo, viúvo, teria ficado por muito tempo inconsolável. Essa provação lhe teria dado aquela rica experiência humana, aquele carisma e aquela empatia para com toda pessoa frágil, doente ou ferida, como mostram os textos evangélicos.

É uma bela história, mas é preciso logo dizer que nada, absolutamente nada corrobora essa hipótese. Por mais que tenhamos escrutado os textos, não há o menor indício da menor ligação conjugal. A família de Jesus, sua mãe, seus irmãos, suas irmãs, mesmo não estando muito presentes nem sendo muito ativos nas narrativas evangélicas, é citada inúmeras vezes em textos saídos de fontes distintas, mas não há qualquer vestígio de relação matrimonial.

## O caso de Maria Madalena

Nossa época adora histórias de amor. Então não basta considerar apenas a hipótese do casamento de Jesus, mas também a de uma relação amorosa. E aí uma figura se impõe, a de Maria Madalena ou Maria de Magdala, a mulher que Jesus teria livrado de sete demônios e que, a partir de então, não deixa mais o grupo dos discípulos. Essa Maria é sempre citada pelos diferentes textos como uma das mulheres que seguem Jesus e vão com ele até Jerusalém. Os evangelistas a colocam não muito longe da cruz, por ocasião dos suplícios, e depois, observando, sempre à distância, o corpo levado pelos "santos homens", José de Arimateia e Nicodemos (este citado apenas pelo Evangelho de João), que solicitaram que Pilatos lhes entregasse os restos mortais do condenado para lhes dar uma sepultura digna, em vez de jogá-los na vala comum como era a regra.

É a mesma Maria Madalena que todos os evangelistas colocam, no começo do terceiro dia, depois da execução, diante do túmulo que ela encontra vazio. Aí, as narrativas variam. Ela está sozinha ou acompanhada de outras mulheres, fiéis àquele que elas chamam de "mestre" e "senhor" e por quem elas choram. O evangelista João narra o encontro dela com aquele que ela pensa primeiramente ser o jardineiro, antes de reconhecer Jesus. De seu breve e comovente diálogo, a tradição pictural conservará a frase de Jesus: "Não me toques" (João 20:17) – em latim *Noli me tangere* – e representará Maria Madalena como uma bela mulher abatida, ajoelhada, com a mão estendida para aquele que ela acaba de encontrar e que tenta deter.

Não é preciso muita imaginação para ouvir o murmúrio da ternura nessa troca entre Maria e Jesus. Daí a elaborar a hipótese de que houve uma ligação amorosa entre eles, ou até mesmo conjugal, basta um passo que pode ser dado pela literatura ou pelo cinema, mas não pela leitura escrupulosa dos textos tal como foram escritos.

Entretanto, num texto dito "apócrifo", que, portanto, não foi considerado pela comunidade crente, o Evangelho segundo Felipe, encontramos a seguinte menção: "O senhor amava Maria mais do que os outros discípulos e, frequentemente, a beijava na boca". Basta isso para inflamar as imaginações: finalmente teríamos a prova daquilo de que desconfiamos. Isso seria, porém, ir com muita sede ao pote. Esse texto, descoberto no Egito em 1945, deve ter sido escrito no século IV da nossa era e é de inspiração fortemente gnóstica, isto é, marcado por um forte dualismo corpo/espírito e uma visão pejorativa das coisas carnais. Todos esses elementos pedem que a leitura a ser feita não seja literal, mas simbólica. Nesse contexto mental e espiritual, o beijo na boca significa a transmissão do sopro, do espírito, ou seja, uma comunicação de alma para alma – é assim que Deus fala com Moisés, na montanha, "face a face" (Números 12:8). O autor desse texto e aqueles que o leram, longe de querer atestar uma relação carnal de Jesus com Maria Madalena, estabelecem, pelo contrário, sua proximidade espiritual. Além do Evangelho de Felipe, os outros textos apócrifos que mostram uma relação que poderíamos qualificar de "amorosa" entre Maria Madalena e Jesus, o Evangelho de Tomé e o de Maria Madalena, pertencem a essa mesma corrente gnóstica; esses textos devem ser lidos no seu contexto cultural.[1]

Se devemos abandonar a ideia de uma ligação amorosa, carnal e conjugal entre Jesus e essa Maria, por outro lado, não há qualquer dúvida de que a ligação entre eles é íntima e poderosa. Maria é a primeira a receber a notícia da Ressurreição e vai anunciá-la aos apóstolos. Desde o século III, o grande escritor cristão Hipólito de Roma dá a ela o título de "apóstolo dos apóstolos", o

---

[1]. Em 2023, o professor Frederico Lourenço, da Universidade de Coimbra, lançou no Brasil a tradução de alguns dos mais importantes evangelhos apócrifos. Cf. *Evangelhos apócrifos*. Frederico Lourenço (trad.). São Paulo: Companhia das Letras, 2023. [N. E.]

que traduz exatamente aquilo que Jesus pede a Maria: "Vai, porém, a meus irmãos e diz-lhes..." (João 20:17). Lembremos que, literalmente, um apóstolo (*apostolos*, em grego) é apenas um missionário, um enviado. Será preciso esperar o século XXI para que Maria Madalena tenha esse título reconhecido: em 2016, o papa Francisco lhe concede a honraria, colocando o dia em que ela é festejada como santa na mesma categoria das festas dos apóstolos.

## Um celibatário defensor das mulheres

Tudo leva, portanto, a pensar que Jesus era e permaneceu solteiro, mesmo que isso não correspondesse aos costumes da época. Confirmando essa tese, além do testemunho dos textos, alguns exemplos – exceções, contudo – mostram que o celibato era possível.

Primeiramente, há celibatos famosos como o do profeta Jeremias, que se submete àquilo que ele compreende como uma ordem divina: "Não tomes para ti mulher e não tenhas filhos e filhas neste lugar" (Jeremias 16:2). No século VI, antes da nossa era, num período muito conturbado em que o país estava ameaçado por inimigos poderosos (em 587 a. C., ele irá sucumbir a Nabucodonosor, rei da Babilônia, a capital Jerusalém será destruída e uma parte da população será exilada), Jeremias testemunha pela própria existência que, diante de uma insegurança como essa, não é o momento de ficar e estabelecer uma família. Mais perto de Jesus, os essênios, uma seita religiosa judaica, hoje muito conhecida, graças aos rolos de pergaminho e aos fragmentos de papiros encontrados nas grutas de Qumran, às margens do mar Morto, parecem ter praticado o celibato numa perspectiva ascética. João Batista também parece ter sido celibatário, e, para terminar, Paulo, judeu fariseu que se converteu depois de ter perseguido aqueles que ainda não eram chamados de "cristãos", mas que proclamam a morte e a ressurreição de Jesus, reivindica ser celibatário por escolha pessoal. Ele se explica, na primeira epístola à comunidade dos Coríntios, enfatizando que teria o direito (embora não o exerça) de ser acompanhado de uma esposa, como os apóstolos, como os irmãos de Jesus, como o próprio Pedro (1 Coríntios 9:4-5).

A regra judaica, que é a de se casar, começa a se modificar entre os cristãos a partir de Paulo. Embora, numa bela inspiração espiritual em perfeito acordo com a tradição judaica, ele faça da união dos esposos uma imagem do amor do Cristo por sua Igreja, Paulo considera o casamento um remédio contra as pulsões. Nesse ponto, ele se distancia da tradição judaica do *Cântico dos Cânticos*, texto bíblico que, impregnado de um forte erotismo, exprime num extraordinário *pas de deux* um desejo muito explicitamente sexual entre o "Amado" e a "Amada". Esse texto, que jamais faz referência a Deus, também é lido como a expressão da união mística do humano com o divino. O judaísmo, aliás, sempre olhou com benevolência e promoveu o prazer conjugal. Rompendo com a tradição, Paulo de Tarso aconselha aos homens e às mulheres que não se casem, se forem capazes: "Quem não tem esposa cuida das coisas do Senhor e do modo de agradar ao Senhor. Quem tem esposa cuida das coisas do mundo e do modo de agradar à esposa, e fica dividido", e ele acrescenta, alguns versículos depois: "Portanto, procede bem aquele que casa sua virgem; e aquele que não a casa, procede melhor ainda" (1 Coríntios 7:32-34; 38).

A posição de Paulo, porém, é posterior a Jesus, que não parece ter dado muita atenção à questão do celibato. Aliás, ele nem fala disso, talvez apenas por ocasião de uma conversa sobre o casamento. Suas palavras, que Mateus é o único a reproduzir (Mateus 19:1-12), são bastante enigmáticas e sua interpretação está sujeita a discussão. Eis a cena:

Jesus acaba de deixar a Galileia e está a caminho de Jerusalém. Em todos os povoados e vilarejos as pessoas se aproximam dele, apresentam-lhe os doentes e lhe fazem perguntas. É o caso de um grupo de fariseus, judeus muito devotos que querem seguir a Lei com minúcia e escrúpulo. Uma das questões discutidas entre os fariseus trata dos motivos legítimos pelos quais um homem pode repudiar sua mulher. As regras do repúdio estão fixadas na chamada "Lei de Moisés", porque Moisés a teria redigido. Ela estabelece o tipo de contrapartida que um homem deve dar à mulher quando ele a deixa. Mas se as modalidades de separação são claras, as razões pelas quais um homem pode dispensar sua mulher não o são. Os contemporâneos de Jesus têm em alta estima dois grandes mestres, Hillel e Shamai, que fizeram escola. Sobre essa questão, porém, eles divergem. Shamai acredita que a esposa deve ter tido um comportamento muito grave e inconveniente, até mesmo licencioso, para que o repúdio seja legítimo, enquanto Hillel permite o repúdio por motivos bem menos graves, tais como desagradar o marido deixando queimar a comida.

O que se pergunta a Jesus é: "É lícito repudiar a própria mulher por qualquer motivo?" Como sempre acontece, Jesus não se deixa aprisionar pela pergunta. Nesse caso, ele ultrapassa a questão não pela contestação da Lei que autoriza o repúdio, mas apelando para a razão. Primeiramente, ele também busca a resposta na Bíblia. Por meio da fórmula "desde o princípio", ele faz alusão ao texto do Gênesis, que todos conhecem, no qual Deus criou o humano, homem e mulher, e diz que o homem se unirá à sua mulher "De modo que já não são dois, mas uma só carne". O texto é claro, aqueles que o consultam não podem contestar. Então eles concordam e Jesus aproveita para marcar o ponto decisivo: "Portanto, o que Deus uniu, o homem não deve separar".

Entretanto os contraditores não estão satisfeitos e perguntam por que, então, Moisés permitiu que a mulher pudesse ser mandada embora. Jesus não hesita: "Moisés, por causa da dureza dos vossos corações, vos permitiu repudiar vossas mulheres...". É uma total reviravolta. No começo da conversa, a questão era saber se o erro da mulher poderia justificar o repúdio, e agora o erro passa para o lado dos homens e da dureza de seus corações. E Jesus insiste ainda mais, dizendo que aquele que repudia sua mulher – exceto se ela se prostitui – e se casa com outra comete adultério. A resposta é hábil e terrível. Lembremos aqui que, na época, as mulheres não têm qualquer autonomia, qualquer independência, passam da casa do pai para a do marido e, em caso de repúdio, se ela não encontra um homem da família, pai ou irmão, para abrigá-la, ou outro homem para esposá-la, ela está condenada à rua e à prostituição. Em sua resposta, Jesus toma claramente o partido das mulheres rejeitadas sem piedade pela crueldade dos homens, como se jogássemos um traste velho no lixo.

Logo se vê a consternação nos rostos dos próprios discípulos, que exclamam: "Se é assim a condição do homem em relação à mulher, não vale a pena casar-se". Por essa reação podemos medir o estado das relações comuns entre os sexos. Estar ligado pela vida toda a uma mulher que não se pode abandonar, sobre a qual não se teria mais domínio, já que não seria possível ameaçá-la de repúdio, que pesadelo! Como um homem poderia estabelecer a autoridade sobre sua mulher, se estivesse ligado a ela de modo incondicional? Que poder lhe restaria? É o que se perguntam os discípulos.

Jesus lhes responde, tomando o exemplo dos eunucos. Ele distingue três casos típicos: os eunucos por natureza, os eunucos pela mão dos homens e os que se tornam assim "por causa do Reino dos Céus". E conclui: "Quem tiver capacidade para compreender, compreenda". O mínimo que podemos dizer é que, há séculos, a compreensão dessa passagem não é fácil. O sábio e escritor Orígenes, por exemplo, no século III, castra-se voluntariamente, acreditando obedecer a uma prescrição de Jesus. Ele posteriormente compreende que se enganou, tendo feito uma leitura do texto literal demais. Mais geralmente, a decisão de se tornar "eunuco pelo Reino dos Céus" será interpretada como a escolha voluntária da continência, justificando o celibato que caracteriza hoje a maioria dos compromissos religiosos, tanto dos homens quanto das mulheres, e, no catolicismo, o celibato dos padres em particular.

Entretanto existem interpretações, na verdade marginais, que observam que o tema da conversa entre Jesus e seus discípulos é o casamento, não o celibato. Trata-se, então, de não se casar porque não vale a pena ou de se casar de outra maneira, tendo um outro tipo de relação com a mulher? Se as palavras de Jesus visam ao casamento, trata-se talvez de propor, tendo em vista o "Reino dos Céus", uma castração simbólica, isto é, uma renúncia da parte dos homens ao poder sobre as mulheres. A abstinência teria relação com o poder, não com o sexo. Mas talvez fosse preciso esperar quase vinte séculos e grandes avanços na emancipação das mulheres para que essa leitura pudesse ser considerada. Se aceitarmos essa interpretação, ela faz de Jesus um precursor e um verdadeiro amigo das mulheres.

## Um celibatário próximo das mulheres

Jesus pode não ter esposa, mas ele se relaciona com as mulheres e parece ter um excelente conhecimento do mundo feminino e de seu universo cotidiano. Esse aspecto é particularmente perceptível no Evangelho de Lucas. O texto é rico em parábolas, uma das características do ensinamento de Jesus.

A matéria-prima dessas pequenas histórias é a vida cotidiana, e seus personagens são conhecidos daqueles que as escutam. O que Jesus evoca em algumas palavras lembra o pequeno mundo pastoral das imagens que dão encanto aos presépios provençais. Todas as profissões estão ali. Encontramos pastores, viticultores, pedreiros... mas também mulheres que fiam e tecem, que fazem o pão ou varrem a casa. É evidente que Jesus observou e levou em conta o trabalho delas tanto quanto o dos homens. Desse modo, nas parábolas que falam do Reino de Deus e que começam por "A que é semelhante o Reino de Deus e a que hei de compará-lo?", o equilíbrio é perfeito tanto em Lucas quanto em Mateus. De um lado, um homem que semeia em seu jardim um grão de mostarda que se torna uma árvore na qual os pássaros vêm se abrigar; do outro, uma mulher que coloca fermento na farinha e obtém um belo pão bem crescido (Lucas 13:18-21). Os gestos prosaicos de uns e outras são valorizados porque, em sua simplicidade, contam uma parte do mistério de Deus.

O mesmo equilíbrio está em Lucas nas chamadas "parábolas da misericórdia". Trata-se ali da alegria de Deus quando um pecador se arrepende. Para ilustrar essa alegria, Jesus escolhe três exemplos. O mais famoso é o do "filho pródigo", no qual um pai reencontra o filho caçula que julgava morto (Lucas 15:11-31). Mas essa passagem é precedida de dois outros exemplos: o primeiro é o do pastor que encontra sua centésima ovelha desgarrada, o segundo é o da mulher que varre febrilmente a casa para encontrar uma moeda que desapareceu (Lucas 15:4-10). Nos dois casos, tanto o pastor quanto a dona de casa chamam os amigos para que se alegrem com eles.

Uma outra cena, na qual Jesus dá um ensinamento a seus discípulos, é construída de maneira idêntica. Dessa vez, trata-se de abandonar as preocupações materiais que impedem de encontrar o Reino dos Céus. A cena se passa quando Jesus e o pequeno grupo de discípulos, dos dois sexos, atravessam o campo da Galileia. Jesus lhes mostra os pássaros do céu, que, segundo ele, "não semeiam nem colhem", mas encontram alimento abundante fornecido pela natureza, por trás da qual Jesus convida a ver a mão providencial de Deus. Alguns passos adiante, são os lírios do campo que servem para a lição. Eles "não fiam nem tecem", mas estão mais bem-vestidos que o próprio rei Salomão, que era conhecido pelo esplendor de seu reino. Nesse duplo olhar sobre os pássaros e as flores, Jesus busca no primeiro caso o registro das ocupações masculinas, o cultivo e a colheita; no segundo, os trabalhos femininos, a fiação e a tecelagem (Lucas 12:24-27).

Mesmo correndo o risco de um enorme anacronismo, podemos dizer que Jesus pratica um discurso "inclusivo", cedendo explicitamente espaço para o feminino!

Não apenas o homem de Nazaré não apresenta qualquer característica do celibatário inveterado, estranho e indiferente ao mundo das mulheres, como também seria preciso ter muita habilidade para destacar o menor traço de misoginia ou qualquer outro julgamento pejorativo quanto a elas. Muito pelo contrário. Embora não se tenha dado atenção a esse fato durante séculos de leitura dos Evangelhos – nesse caso, leituras feitas quase exclusivamente por padres celibatários –, as relações de Jesus com as mulheres que ele encontra são extremamente benevolentes e, principalmente, não correspondem aos hábitos da sociedade do seu tempo.

# JESUS, O HOMEM QUE OLHA PARA AS MULHERES

> "Só se vê bem com o coração."
> Essa famosa citação do *Pequeno Príncipe* poderia perfeitamente ilustrar a pequena cena narrada pelos Evangelhos de Marcos e Lucas.
> MARCOS. 12, 41-44; LUCAS. 21, 1-4

## A viuvinha de Jerusalém

Jesus e o grupo de discípulos que o acompanham desde a Galileia acabam de chegar a Jerusalém, faltando poucos dias para a Páscoa. Essa circunstância traz para a cidade santa uma multidão de peregrinos vindos da Judeia e da Galileia, mas também das inúmeras terras nas quais os judeus se estabeleceram havia séculos, a região do Mediterrâneo e, mais além, Ásia Menor, margens do Eufrates, Península Arábica e regiões da África. Para os judeus que imigraram ao longo dos séculos, é quase sempre o sonho de uma vida poder ir rezar e oferecer sacrifícios no Templo. Todos os anos, na Páscoa, a população da cidade passa de 50 mil habitantes para 250 ou 300 mil. Ali se ouvem todas as línguas, e os peregrinos ostentam as roupas do lugar onde moram. É uma multidão colorida que se aglomera na esplanada do Templo. Jesus e os seus estão ali, como vizinhos. A Galileia pode ser alcançada em questão de dias. Eles encontraram alojamento numa casa amiga, em Betânia, um vilarejo situado ao pé das muralhas da cidade, e todos os dias sobem até Jerusalém com Jesus. Na maior parte do tempo, ele está sentado sob a colunata. Ali ele prega, e são numerosos os que vêm ouvi-lo.

Naquele dia, ao ver algumas pessoas elegantes e importantes, com vestes chamativas presas por cintos dourados, Jesus aponta a vaidade dos que exibem a própria dignidade, influência e autoridade e gostam de ser reconhecidos e honrados como gente de bem. Os discípulos que o cercam olham para o pequeno desfile daqueles que vêm depositar seu óbolo no tronco do tesouro do Templo. Eles indicam seu nome, a soma oferecida e o destino da doação. Quando a quantia é grande, a multidão deixa escapar um murmúrio de admiração, diante de tal prodigalidade.

Quase invisível no meio dos ricos doadores, uma pequena silhueta envolta em vestes negras entrou com tanta discrição que ninguém ouviu o montante de sua esmola – aliás, talvez ela nem fizesse questão disso, já que o valor é ínfimo. Ela não contava com o olhar de Jesus. Num instante, ele viu e compreendeu: ela é uma daquelas pobres viúvas deixadas na indigência com a morte do esposo, se não tiver um parente generoso para ajudá-la. Ele viu as duas moedinhas que ela deixou, tão pouco dinheiro que os poderosos, rivais entre si em generosidade, não se abaixariam para pegar. Ele a designa aos que o escutam:

> De fato, eu vos digo que esta pobre viúva lançou mais do que todos, pois todos aqueles deram do que lhes sobrava para as ofertas; esta, porém, na sua penúria, ofereceu tudo o que possuía para viver (Lucas 21:1-4).

Essa cena é um bom exemplo do olhar de Jesus em relação aos invisíveis, aqueles e aquelas que são ignorados, que não têm importância, em cuja linha de frente estão as mulheres e, entre elas, as viúvas, sem dúvida as menos providas. No mundo muito patriarcal daquela época, a mulher precisa de um homem para garantir sua subsistência. Ela deixa a casa do pai pela do esposo. Em caso de viuvez, pobre daquela que não tem um filho que possa cuidar dela, e mesmo assim tem que ficar exposta à dureza de coração de uma nora que fará dela sua serva. A miserável situação das viúvas não é nova. Na Bíblia, essa triste figura aparece várias vezes. É uma viúva de Sarepta que acolhe o profeta Elias, que estava faminto (1 Reis 17:8-24). Como a viúva do Templo, ela oferece ao homem de Deus o último pão preparado com a última medida de farinha que lhe resta, "seu sustento". O gesto será recompensado, pois, enquanto o profeta está na casa dela, a jarra de farinha se enche misteriosamente. Um pouco mais tarde, Elias obterá um milagre e salvará o filho dela da morte.

Uma outra história de viuvez aparece na Bíblia, em torno de Rute. Todas as mulheres da família, Noemi e suas duas noras, perdem os respectivos maridos. No entanto Rute, uma das noras, se recusa a abandonar a sogra. Embora pertença ao povo de Moabe, inimigos tradicionais de Israel, ela decide acompanhar Noemi, que volta para sua terra natal, em Belém. As duas mulheres estão numa situação precária, e Rute é ainda mais infeliz por ser estrangeira. Entretanto ela se esforça para encontrar alimento para as duas colhendo algumas espigas no campo. A história terá final feliz, porque um primo afastado, Boaz, reconhece a virtude de Rute e casa-se com ela. A Bíblia a apresenta como a bisavó de Davi, que se tornará o grande rei de Israel.

Uma parábola contada no Evangelho de Lucas também fala de uma viúva, vítima de uma injustiça a quem o juiz não dá a mínima atenção (Lucas 18:1-8). No entanto, de tanto insistir, ao ponto de se tornar importuna, ela acaba obtendo justiça. Jesus usa esse exemplo para dizer que, se até mesmo um juiz iníquo e negligente pode ceder à perseverança de uma mulher, Deus, que é justo, ouve e atende aqueles que lhe imploram. A viúva é sempre o símbolo da fraqueza e da impotência.

Na hierarquia da sociedade que Jesus conhece, a viúva está na parte inferior da escala. Ela é aquela que não conta, que não vemos. É isso que confere toda a amplitude à narrativa da viúva de Naim, que Lucas é o único a narrar (Lucas 7:11-17). Eis a cena:

Jesus se aproxima da entrada da cidade de Naim. O texto nos diz que ele está cercado pelos discípulos e por uma multidão. Essa trupe cruza com uma outra, que sai da cidade. É o cortejo que acompanha uma viúva cujo filho único acaba de morrer. O corpo, provavelmente coberto por uma simples mortalha, como é de costume, é levado numa maca para ser inumado no exterior.

Onde a maioria teria apenas visto a multidão e o corpo, e talvez se tivesse inclinado com respeito, Jesus vê a mulher e sua tristeza. Ela nada pede, nem mesmo ergueu os olhos para o alegre grupo que acompanha Jesus, totalmente fechada na sua infelicidade. É a ela que Jesus se dirige, primeiramente: "Não chores". Depois, ele se aproxima da maca e detém os que a carregavam. Coloca a mão na mortalha e se dirige ao morto: "Jovem, eu te ordeno, levanta-te". Com essas palavras, o jovem se ergue e senta-se; ele está vivo e fala, enquanto todos, os que acompanham Jesus e os que acompanham o morto, "ficaram com muito medo" e glorificaram o poder de Deus.

Para as testemunhas, não há dúvida de que a autoridade que Jesus exerce sobre a morte é o sinal de que ele está revestido do poder do próprio Deus. O texto acrescenta que Jesus "o entregou à sua mãe", termos com os quais o profeta Elias devolveu o filho salvo da morte à viúva de Sarepta.

Nesse episódio, Lucas insiste na similaridade dos dois atos de poder, o de Elias e o de Jesus. A intenção é clara: deixar que pensem que Jesus seria um novo Elias, até mesmo maior que o próprio Elias, reputado como o mais poderoso dos profetas. De fato, a crença amplamente difundida era de que o retorno de Elias seria o sinal da vinda do Messias de Deus, o eleito que libertaria o povo de maneira definitiva. Nesse caso, podemos ler a história da viúva de Naim de modo simbólico, como uma afirmação da identidade de Jesus. O evangelista revela essa identidade numa cena na qual o Nazareno aparece como um homem que participa da infelicidade das mulheres, que vê isso, compreende e traz uma solução, mesmo que nada lhe tenha sido pedido.

## A mulher encurvada, "filha de Abraão"

O olhar para as mulheres, a preocupação em relação a elas está no episódio da cura da mulher encurvada (Lucas 13:10-16). Mais uma vez, apenas Lucas conta isso, impondo-se, entre os evangelistas, como aquele que concede mais referências às mulheres, tanto em quantidade quanto em variedade.

Dessa vez a cena se passa numa sinagoga. Lucas não explicita o lugar. É no período em que Jesus parece ter deixado a Galileia e caminhado em direção à Judeia e Jerusalém. A partir da Galileia, o caminho mais curto para Jerusalém atravessa a Samaria. Mas o evangelista menciona que ele se recusa a atravessar essa região por causa da má acolhida que alguns discípulos, enviados como arautos, tiveram numa aldeia para a qual ele se dirigia. Embora sigam os cinco primeiros livros bíblicos que compõem a Torá,[1] os habitantes da Samaria, separados de Jerusalém e de seu templo há séculos, são considerados incrédulos idólatras pelos judeus da Galileia e da Judeia, e a hostilidade entre as duas populações é grande. Jesus desvia então para o Leste a fim de percorrer o vale do Jordão. De fato, se seguirmos o Evangelho de Lucas, ele caminha devagar, lentamente, de vilarejo em vilarejo. Não sabemos, portanto, onde se situa a sinagoga da qual fala o evangelista, mas o certo é que estamos num sábado. Conforme as prescrições da Lei, é um dia consagrado a Deus no qual é proibido realizar qualquer trabalho e no qual os deslocamentos são limitados. Supomos então que Jesus e seus discípulos tenham parado por um dia inteiro.

A reputação de Jesus é tamanha que ele é acolhido na Sinagoga e lhe pedem para fazer a pregação. Esse tipo de cena é narrado várias vezes nos diferentes textos evangélicos: os rolos da Escritura são lidos pelo orador que, em seguida, faz um comentário. Num pequeno vilarejo, ouvir um mestre famoso como Jesus não

---

[1]. A Torá, também chamada Lei, é constituída dos cinco primeiros livros da Bíblia: Gênesis, Êxodo, Levítico, Números, Deuteronômio. O conjunto desses livros também é designado sob o nome grego de Pentateuco.

parece ser uma dádiva. Na pequena assembleia, todos estão com pressa. Imaginemos uma sala simples, no térreo de uma casa como outra qualquer. A coisa mais preciosa que existe ali são os rolos da Bíblia hebraica, principalmente os da Torá. Na primeira fila estão as personalidades, entre as quais o chefe da sinagoga, provavelmente feliz em dar a palavra a Jesus. Atrás dele estão os homens "comuns", em seguida, finalmente, as mulheres, que a Lei autoriza a participar, mas que não são obrigadas. Podemos, no entanto, pensar que a curiosidade sobre o jovem pregador da Galileia levou várias delas a assistir à oração comunitária.

Jesus está, então, sentado diante dessas pessoas que ele não conhece e faz uma pregação cujo texto não nos diz nada, até que seu olhar encontra uma mulher, ao fundo, atrás de todas as outras. Lucas nos diz que ela é "recurvada". Difícil saber o que ela tem, mas o Evangelho explica que ela é encurvada para a frente e não consegue erguer a cabeça. Simbolicamente, é como se ela estivesse fixada na terra, sem poder erguer os olhos para o céu, isto é, para Deus. Essa infelicidade, segundo a interpretação da época, não é apenas uma enfermidade física, mas também um mal moral e espiritual, pois, de acordo com o texto, é um espírito maligno que lhe impõe essa posição. Além do mais, ela está assim há dezoito anos. Esse número é provavelmente simbólico: encontramos na Bíblia, no livro dos Juízes, que dezoito é o número de anos durante os quais Israel esteve submetido à servidão de Moab, rei de um povo pagão (Juízes 3:14). A mulher encurvada também é serva da própria enfermidade, privada de olhar para os outros e para o céu.

Entretanto, embora ela não possua olhar, apenas um dorso curvado, Jesus a vê. E tão logo se dirige a ela, dizendo: "Mulher, estás livre da tua doença". A palavra é eficaz, ela faz o que ele diz. Ele estende a mão e, imediatamente, ela se endireita. A cura é total, pois, ao mesmo tempo em que ela se ergue, sua oração se dirige ao céu e ela glorifica Deus.

Isso bem poderia ser uma razão de júbilo para todos aqueles e aquelas que assistiram a essa libertação. Mas seria não contar com o espírito escrupuloso do chefe da sinagoga: Jesus fez uma cura num sábado, ato que pode ser assimilado a um trabalho, e, portanto, ele rompeu a regra do repouso absoluto para se devotar a Deus. O chefe, aliás, logo trata de recolocar as coisas no lugar. Entretanto, ele não se volta diretamente para Jesus – por cortesia para com seu convidado? Por medo do seu poder? Não há explicação. A advertência, indireta, dirige-se à assembleia a quem ele pede para vir buscar a cura num outro dia: "Há seis dias nos quais se deve trabalhar; portanto, vindes nesses dias para serdes curados, e não no dia de sábado". Jesus compreendeu muito bem que a crítica era dirigida a ele e não pretende fugir do debate. Sua réplica é imediata e mordaz. Em primeiro lugar, ele aponta a hipocrisia do interlocutor, em seguida, argumenta, lembrando a jurisprudência que todos conhecem: no dia de sábado, é permitido soltar seu boi ou seu asno para levá-lo a beber. Como seria, então, possível recusar fazer por um ser humano aquilo que fazemos por um animal? Por que aquela mulher teria que esperar mais um dia pela sua libertação?

A argumentação sobre as regras do sábado e sobre o formalismo que privilegia o entendimento literal em vez da sua inteligência profunda e espiritual é feita por Jesus em várias ocasiões, ao longo dos Evangelhos. Sua fórmula mais definitiva encontra-se em Marcos: "O sábado foi feito para o homem, e não o homem para o sábado" (Marcos 2:27).

No episódio da mulher encurvada, no entanto, existe uma estranheza, nunca revelada pelos comentadores. Em resposta ao chefe da sinagoga e às personalidades, Jesus diz o seguinte: "E esta filha de Abraão que Satanás prendeu há dezoito anos, não convinha soltá-la no dia de sábado?". A expressão "filha de Abraão" é um hápax, uma expressão única em todo o corpo bíblico. Em nenhum outro lugar uma mulher recebe esse título. A expressão "filho de Abraão" é tão corrente quanto é desconhecida a fórmula "filha de Abraão". No Evangelho de Mateus, encontramos a expressão "filhos de Abraão". É assim que João, batizando no Jordão, convida seus interlocutores à modéstia, quando eles reivindicam que é uma honra e um privilégio serem descendentes de Abraão e querem com isso se isentar do arrependimento: "Pois eu vos digo que mesmo destas pedras Deus pode suscitar filhos a Abraão" (Mateus 3:8-9 e, nos mesmos termos, Lucas 3:7-8).

Outro episódio bastante similar ao da mulher encurvada é narrado por Lucas, quando Jesus se convida à mesa de Zaqueu, um execrado preceptor de impostos. Jesus comenta seu gesto nos seguintes termos: "Hoje a salvação entrou nesta casa, porque ele também é um filho de Abraão" (Lucas 19:9). O homem detestado e a mulher encurvada são duas personagens que mostram Jesus vindo "salvar o que estava perdido".

O que é surpreendente na história da mulher encurvada não é a referência a Abraão – o patriarca é considerado o grande ancestral reivindicado pelo povo –, mas o fato de que uma mulher seja chamada de "filha de". Toda a tradição religiosa anterior, profundamente patriarcal, considera os homens e não as mulheres, porque estas pertencem à casa de um homem do mesmo modo que os bens materiais. Assim, no antigo ciclo dos patriarcas, contam apenas os doze filhos de Jacó; sua filha Diana, embora citada no texto, nunca é levada em conta. E, ainda no Novo Testamento, quando o Evangelho de Mateus contabiliza os participantes na multiplicação dos pães, ele diz: "Ora, os que comeram eram cerca de cinco mil homens, sem contar mulheres e crianças" (Mateus 14:21). Quando Jesus inaugura essa denominação de "filha de Abraão", ele introduz as mulheres no povo, cada uma em seu próprio nome. Podemos até dizer que, com esse termo inovador, ele afirma que as mulheres pertencem a Deus e não mais a um homem.

É assim que a pobre mulher encurvada, reerguida e "libertada" torna-se um signo de liberdade para todas as mulheres. E não é mais nada irrelevante que essa cura tenha sido realizada no sábado, o sétimo dia, que se torna um dia de conclusão e realização. O texto de Lucas termina, aliás, com uma expressão de contentamento que se opõe às críticas feitas pelas personalidades e pelo chefe da sinagoga: "Ao falar assim, todos os adversários ficaram envergonhados, enquanto a multidão inteira se alegrava com todas as maravilhas que ele realizava" (Lucas 13:21). Essas "maravilhas" são uma referência explícita aos grandes feitos de Deus, através dos quais se cumpre a promessa feita a Abraão e a Sara de uma abundante descendência, e a Moisés, a da libertação do povo. Esses grandes feitos que libertam e dão a vida em abundância são de certa forma antecipados pela mulher encurvada, visto que ela frequenta a sinagoga, lugar de prece e louvor, e ela se antecipa à multidão, pois é a primeira a glorificar a Deus, assim que pode se reerguer e estender as mãos e o olhar para o céu.

Ainda é preciso reafirmar que a leitura secular dos Evangelhos nunca deu a menor atenção a essa "filha de Abraão", que o termo nunca suscitou o menor comentário. Essa mulher pode ser considerada uma imagem da condição feminina, sempre inclinada nos cuidados para com os filhos ou os doentes, curvada sobre o trabalho doméstico, dominada pelo mundo masculino? Afirmar isso seria talvez fazer uma leitura por demais alegórica dessa pequena cena. Os Santos Padres não hesitaram em emitir esse tipo de comentário com uma generosa imaginação espiritual, na interpretação dos textos evangélicos. Não lhes passou pela cabeça, é claro, que a senhora que sofria de camptocormia[2] pudesse ser o signo da libertação das mulheres de sua condição e do seu total acesso às promessas feitas a Abraão. Seria preciso vinte séculos para que as mulheres fizessem essa leitura. Infelizmente, ainda falta muito para que elas sejam reconhecidas como Santas Madres...

Sem mais provocações, tenhamos, entretanto, a honestidade de dizer que todas as primeiras comunidades cristãs praticaram uma perfeita igualdade entre os homens e as mulheres. Vivendo ao lado de Jesus, vendo como ele agia com as mulheres, os discípulos talvez tenham compreendido alguma coisa. Os Evangelhos têm esses vestígios, mas a força dos costumes foi mais forte e acabou prevalecendo, em algumas décadas. Podemos constatar isso nos

---

2. Postura anormal com curvatura pronunciada do tronco: o termo vem das palavras gregas *kamptein*, "curvar", e *kormos*, "o tronco".

escritos de Paulo. Por um lado, ele expõe de maneira fulgurante a mudança radical introduzida por Jesus. É a sequência da Epístola aos Gálatas:

> pois todos vós que fostes batizados em Cristo, vos vestistes de Cristo. Não há judeu nem grego, não há escravo nem livre, não há homem nem mulher; pois todos vós sois um só em Cristo Jesus. E vós sois de Cristo, então sois descendência de Abraão, herdeiros segundo a promessa (Gálatas 3:27-29).

As palavras são claras: as hierarquias e as relações de dominação são abolidas, tanto entre senhores e escravos quanto entre homens e mulheres. Lembremos que os (homens) judeus agradeciam a Deus, na prece cotidiana, por tê-los feito nascer "judeus e não pagãos, homens livres e não escravos, homens e não mulheres". Em Cristo, as distinções são apagadas, todos e todas são integradas na "descendência de Abraão" e dela recebem as bênçãos e as promessas. Por outro lado, porém, Paulo se alinha aos costumes da época e recomenda que as mulheres se calem nas assembleias e se submetam a seus maridos. (1 Coríntios 14:34; Efésios 5:22)

Agora que os costumes estão mudando, podemos ler de uma nova maneira a história da mulher sem nome que não podia erguer os olhos para o céu, que Jesus vê e liberta da servidão fazendo dela um membro igualitário da comunidade. Essa "filha de Abraão" poderia ser uma das padroeiras das feministas cristãs.

# JESUS, O HOMEM QUE ADMIRA AS MULHERES

## A obstinação da mulher cananeia

Jesus já havia demonstrado admiração pela viúva do Templo que ele designara como exemplo para seus discípulos. Dessa vez, uma mulher vai literalmente desviá-lo de seu caminho e fazê-lo mudar de ideia. Seria uma conversão? Essa mulher modificou a concepção que Jesus tinha de sua missão? Por mais audaciosa que seja, a questão se coloca. Afinal, o menino que ele fora aprendeu a andar, a falar e muitas outras coisas até chegar à idade adulta. Por que a humildade de uma mulher não o teria feito compreender que ele precisava ampliar o olhar? Eis a cena:

Jesus parecia concentrado em si mesmo. Geralmente, tudo lhe servia de pretexto para comentar, louvar, explicar: uma paisagem, a cor do céu, os pequenos trabalhos do campo... Mas, naquele momento, ele avançava sem ver verdadeiramente o que o cercava. Os discípulos que caminhavam com ele não ousavam interromper seu silêncio. De fato, eles se sentiam um pouco culpados. Alguns dias antes, Jesus tivera uma rude discussão com um grupo de fariseus que o criticavam por negligenciar certos rituais de pureza, como as abluções antes das refeições. Seguiu-se uma discussão sobre o puro e o impuro, durante a qual Jesus se esforçara para explicar que não era aquilo que entrava no corpo que era puro ou impuro, nem mesmo aquilo que dele saía. Depois de tudo, as coisas digeridas iam para as fossas, era natural. Por outro lado, as palavras que saíam da boca, aquelas que feriam, que maculavam, essas continham a verdadeira impureza.

Os discípulos tiveram dificuldade para compreender, pois estavam acostumados às regras rituais. Por nada nesse mundo eles aceitariam engolir alimentos impuros.

Nessa discussão, Jesus perdera um pouco a paciência e demonstrara sua irritação para com os discípulos. Depois de tanto tempo juntos eles ainda não tinham entendido nada? Era desesperador vê-los com uma mentalidade assim tão obtusa. Eles ficaram consternados. É verdade que Jesus sempre os surpreendia, apesar dos seus esforços. Eles caminhavam ao lado dele, mas seus pensamentos tinham dificuldade em segui-lo. Entretanto, considerando as circunstâncias, eles compreendiam a irritação do mestre. Era difícil ter que ficar discutindo tolamente com fariseus escrupulosos, quando acabara de saber que o rei Herodes mandara executar João Batista. A notícia tinha abalado Jesus e, pouco depois, ele decidiu deixar a Galileia. Precisava refletir e talvez também descansar. Tinham, então, tomado a estrada para o mar, na direção do Oeste e dos territórios de Tiro e Sidônia. Era uma região cosmopolita, havia muito tempo nas mãos dos romanos, depois dos cananeus, fenícios e gregos. Mas, ali, estariam fora do alcance dos esbirros de Herodes.

Finalmente encontraram uma casa que podia acolhê-los. Naquela região, Jesus podia esperar manter-se desconhecido. Ele rapidamente retirou-se para um quarto; queria descansar e implorou para que não o perturbassem. Os discípulos ficaram no pátio, aproveitando esses bem-vindos momentos de calma. Na Galileia, eles não podiam mais dar um passo sem que alguém viesse perguntar pelo mestre. Um esperava um conselho; outro, uma cura. Não só queriam que ele fosse o juiz nos debates religiosos, mas também lhe pediam para arbitrar uma questão de família ou uma herança.

Conversavam tranquilamente entre si quando uma mulher da região se apresentou. Dizia que a filha estava doente, supostamente possuída por um demônio. Quando soube que um homem de Deus estava naquela casa, não hesitou. E agora ela estava lá, aos prantos, diante dos discípulos, suplicando que eles intercedessem por ela junto ao mestre. Primeiramente, eles a mandaram embora. Mas ela não queria ouvir nada e os pressionava com lágrimas, súplicas e gemidos. Por mais que eles tentassem repeli-la sem rodeios, nada parecia fazê-la desistir, pelo contrário, ela não arredava pé, de maneira que ninguém se entendia mais.

A contragosto e sem mais argumentos, um dos discípulos acabou se levantando para buscar Jesus: "Mestre, tem uma mulher aqui que quer que intervenhas pela filha doente. Sei que não queres ser incomodado, mas, por favor, se não quiseres fazer isso por ela, faze-o por nós. Ela nos perturba com seus gritos e gemidos". Jesus, que geralmente acolhia bem esses pedidos, dessa vez não se convenceu. A resposta foi ríspida e definitiva: "Eu não fui enviado senão às ovelhas perdidas da casa de Israel" (Mateus 15:24). Ficou claro: a mulher era estrangeira, e ninguém ali podia fazer nada por ela. O discípulo ia voltar para dizer a ela que o mestre não estava disponível, mas já era tarde demais, a mulher o seguira sem que os outros pudessem detê-la. Ela caiu prosternada aos pés de Jesus e suplicava: "Senhor, socorre-me" (Mateus 15:25). Seus gritos, porém, e seu desespero não emocionaram Jesus, que respondeu secamente: "Não fica bem tirar o pão dos filhos e atirá-lo aos cachorrinhos" (Mateus 15:26). A dureza da resposta desconcertou os próprios discípulos. Eles sabiam que os "filhos" de Israel eram eles mesmos, aqueles a quem tinham sido dados os mandamentos, a Lei, os profetas, e que os "cachorrinhos" eram os pagãos. Eles já tinham visto o mestre se mostrar ríspido com os sábios e os poderosos, escribas, fariseus e chefes de sinagogas, mas com os desfavorecidos, os fracos, aqueles que lhe pediam ajuda, ele era sempre atencioso. Mesmo que estivessem em terra estrangeira, mesmo que aquela mulher fosse pagã, mesmo que o diminutivo "cachorrinhos" atenuasse as palavras, elas eram extremamente ofensivas.

A mulher, no entanto, não se alterou. Continuou ali, aos seus pés, a testa no chão, aceitando ser comparada aos cachorros que vagam e se alimentam de detritos e carne podre ou mendigam sob as mesas. Enfim ela murmurou: "... mas também os cachorrinhos comem das migalhas que caem da mesa dos seus donos" (Mateus 15:27). Dessa vez, Jesus a olhou, viu a confiança daquela mulher, a determinação em salvar a filha. Se alguém tinha o poder de devolver a saúde à filha, pouco lhe importavam as humilhações, ela suportaria tudo. Ele viu aquilo tudo. Então Jesus ergueu-a e disse: "Mulher, grande é a tua fé. Seja feito como queres" (Mateus 15:28). E, a partir daquele momento, sua filha ficou curada.

A cena, narrada tanto por Mateus quanto por Marcos (Mateus 15:21-28; Marcos 7:24-30), parece ilustrar a pequena parábola de Jesus sobre a viúva importuna que, de tanto insistir, acaba obtendo justiça de um magistrado injusto. A atitude de Jesus surpreende. Nessa ocasião, ele não parece disposto a ceder, e é preciso a incrível perseverança dessa mulher, a fé dessa mãe que nada pode abalar, para fazê-lo mudar de ideia. Não só ele muda de opinião, mas muda de tom, e é admiração o que transparece nas suas palavras tal como nos são transmitidas: admiração por aquela fé tão grande, por aquela confiança que nenhuma ofensa atinge. A mulher estrangeira torna-se modelo de todas as virtudes: a fé, porque ela tem certeza de que Jesus pode fazer alguma coisa pela sua filha; a esperança, porque mesmo maltratada ela continua a pedir; a caridade, porque não é para ela, mas para a filha, que ela pede a intercessão.

O episódio é importante porque marca uma mudança na dimensão da missão de Jesus. Evidentemente, sabemos que, na época da redação desses textos, a primeira comunidade de crentes já tinha compreendido que a mensagem de Jesus, a Boa-Nova, não estava reservada unicamente aos crentes de Israel, aos judeus, mas era revestida de uma dimensão universal. A cena teria sido escrita ou reescrita depois para apoiar a decisão de anunciar a salvação além de Israel e espalhar a Boa-Nova entre os pagãos? Difícil estabelecer com precisão. Para os dois evangelistas, é a execução de João Batista que leva Jesus a sair do território controlado pelo rei a fim de refletir calmamente e sem interferência sobre a continuação de sua missão. Se Herodes não hesitou em ordenar a execução de um personagem tão popular como João Batista, é evidente que um pregador como Jesus, cuja reputação não para de crescer, está em perigo.

A cena da mãe desesperada que obtém ganho de causa permanece, no entanto, perturbadora. Primeiramente, para os contemporâneos de Jesus. Este é convencido por uma mulher estrangeira a estender sua missão além do povo de Israel e suas "ovelhas perdidas". Essa expressão remete à imagem do rei-pastor, cujo primeiro representante é Davi. No imaginário religioso da época, o esperado eleito de Deus, o Messias, é um sucessor de Davi, um rei que reunirá o rebanho e expulsará os inimigos, no caso, os romanos. A dimensão de chefe militar está muito ligada à figura da realeza de Davi. Mas seu sucessor, o filho Salomão, afastou-se de Deus ao se deixar seduzir por inúmeras mulheres estrangeiras que trouxeram seus ídolos para o reino. A mulher que se dirige a Jesus e que os Evangelhos dizem ser cananeia, ou sírio-fenícia, é um pouco como aquelas estrangeiras que levaram Salomão a descumprir seu dever e provocaram a ruptura da ligação entre Deus, o rei e o povo. As mulheres estrangeiras são, por excelência, representantes da idolatria, e todo bom judeu da época sabe que deve desconfiar delas. Nesse quadro mental, os elogios de Jesus a essa cananeia podem parecer chocantes para os leitores judeus de Mateus, a quem esse Evangelho se dirige mais particularmente. O autor certamente não ignora isso e não hesita em colocar na genealogia de Jesus, entre os grandes ancestrais, quatro mulheres, todas em situação "irregular", das quais pelo menos uma estrangeira, Rute, que se casou com Boaz, e provavelmente também Betsabá, esposa de um soldado de Davi, Urias, que diziam ser hitita. A história da mulher cananeia contribui para o debate sobre a abertura para os não judeus que é a particularidade do cristianismo nascente.

Para os comentadores cristãos mais tardios, esse texto coloca um outro problema: seria possível que Jesus tenha, por assim dizer, mudado de ideia quanto à dimensão de sua missão e que o tenha feito por causa de uma mulher estrangeira? Quando a jovem fé cristã afirma a divindade de Jesus, essa cena torna-se difícil de interpretar. Se a ampliação do anúncio da fé em Jesus aos pagãos é um fato, a fé na divindade de Jesus, por outro lado, torna sua mudança de atitude bastante incompreensível. Jesus poderia desconhecer, inicialmente, essa dimensão de sua missão? É possível que uma mulher, ainda por cima estrangeira, o tenha esclarecido e, de certa forma, convertido?

Última dificuldade: não é suficiente dizer que Jesus não está muito simpático naquele dia. De todos os personagens presentes, é incontestável que torcemos pela mulher, principalmente porque ela não quer nada para si e se deixa humilhar e maltratar pelo bem de outra, sua filha.

Portanto, com esse texto, estamos diante de interpretações complexas. Seria mais fácil se a cena fosse contada como uma parábola, não como uma cena real. Mas fica a bela personagem dessa mulher. Longe de ser, como as esposas de Salomão, aquela que afasta do projeto divino, ela o encarna. É a primeira a acreditar, antes mesmo de Jesus, que ele é a salvação que ela espera. E é isso que vê Jesus, essa imensa fé.

Essa admiração da fé testemunhada por Jesus não é um caso único. Novamente ela será manifestada, em relação a um homem, também estrangeiro, um centurião romano: "Em verdade vos digo que, em Israel, não achei ninguém que tivesse tal fé" (Mateus 8:5-10; Lucas 7:1-10). A mulher dos perfumes, da refeição na casa de Simão, também é louvada por sua fé (Lucas 7:50). Também a mulher com sangramento – considerada impura, não devendo tocar nem ser tocada por ninguém –, que busca a cura tocando a extremidade da veste de Jesus, vê sua fé louvada: "Minha filha, tua fé te salvou..." (Lucas 8:48-50). E, certamente e sempre, a pobre viúva do Templo.

**A fé de Marta**

O Evangelho de João relata uma cena muito impressionante que destaca a fé que tem uma mulher (João 11:1-44). Dizer que Jesus a admira é forçar um pouco a mão e tornar explícito aquilo que o texto apenas mostra de maneira implícita, mas temos aí uma magnífica confissão de fé, uma das mais belas de todo o Evangelho, e, por essa mulher, Jesus faz um gesto de um grande alcance.

O episódio se situa pouco tempo antes dos últimos dias de Jesus. Ele sabe que pesam ameaças sobre si. O poder religioso de Jerusalém está irritado com esse pregador que questiona sua autoridade e acha que sabe mais que as instâncias especializadas aquilo que Deus quer. Por causa dessa hostilidade crescente, Jesus se retira "para o outro lado do Jordão", escreve João, isto é, para o outro lado da fronteira da Judeia, onde as autoridades de Jerusalém não podem alcançá-lo. Aliás, existe aí uma semelhança com o episódio da "fuga" da Galileia que leva Jesus até o território de Tiro e de Sidônia, longe do poder de Herodes; de fato, Jesus se preocupa com os poderes, sejam eles políticos ou religiosos.

É, portanto, do outro lado do Jordão que Jesus recebe a mensagem comunicando a doença do amigo Lázaro, de Betânia, irmão de Marta e de Maria. Betânia é um vilarejo fincado ao pé de Jerusalém. Ir até lá é se colocar à mercê das autoridades do Templo. Jesus parece hesitar. E, no entanto, como explica o texto, ele tem fortes ligações com essa família. A mensagem das duas irmãs é explícita: "Senhor, aquele que amas está doente", e o comentário do evangelista também: "Ora, Jesus amava Marta e sua irmã e Lázaro". Jesus fica, então, dividido entre seus sentimentos por essa família e a própria segurança.

Finalmente, o amor triunfa e Jesus decide ir até Betânia. Seus discípulos não se iludem e avisam: "Rabi, há pouco os judeus procuravam apedrejar-te e vais outra vez para lá"? Registremos aqui que o redator do Evangelho de João está falando de uma outra etnia da província da Judeia. Generalizar, usando simplesmente "judeus", na tradução do grego, é abusivo e enganador, e sabemos que isso vai contribuir para alimentar o antijudaísmo cristão. Em termos estritos, trata-se da aristocracia religiosa do Templo, não dos crentes judeus, o que seria absurdo, já que Jesus, assim como todos os discípulos, os amigos de Betânia e quase todos os atores do Evangelho são evidentemente judeus.

Quando Jesus chega em Betânia, no entanto, Lázaro havia sucumbido à doença e estava enterrado há quatro dias. Marta, uma das suas irmãs, soube que Jesus estava a caminho e foi ao seu encontro. Aqui temos a integralidade do diálogo entre eles, tal como nos é proposta pelo Evangelho:

> Então, disse Marta a Jesus: Senhor, se estivesses aqui, meu irmão não teria morrido. Mas ainda agora sei que tudo o que pedires a Deus, ele te concederá. Disse-lhe Jesus: Teu irmão ressuscitará. Sei, disse Marta, que ressuscitará na ressurreição, no último dia. Disse-lhe Jesus: Eu sou a ressurreição. Quem crê em mim, ainda que morra, viverá; e quem vive e crê em mim, jamais morrerá. Crês nisso? Disse ela: Sim, Senhor, eu creio que tu és o Cristo, o Filho de Deus que vem ao mundo (João 11:21-27).

Aqui se delineia o caráter de Marta; uma forte personalidade que não liga para prudências oratórias e não hesita em acolher Jesus com críticas. Críticas, aliás, injustas, na medida em que, de acordo com o texto de João, Jesus protelou dois dias antes de partir e que Lázaro está enterrado há quatro dias, de modo que, mesmo que Jesus tivesse partido imediatamente, teria ainda assim chegado dois dias depois da morte. Mas a franqueza de Marta – facilmente compreensível, pois ela acaba de perder o irmão – não impede que sua fé se exprima com toda a força de seu temperamento: *"Sei que tudo o que pedires a Deus, ele te concederá"*. Jesus não hesita, portanto, em estimular Marta a ir até o fim daquilo em que ela crê e espera. Quando ele lhe diz que seu irmão ressuscitará, ele enuncia a crença de uma corrente do judaísmo, a dos fariseus, amplamente difundida no povo. Entretanto essa afirmação não é partilhada por todos. As pessoas do Templo, chamadas de saduceus, não acreditam nisso. E mesmo para o grupo dos fariseus não se trata da Ressurreição, como ela será compreendida pelos cristãos, mas de um levantar dos mortos, no final dos tempos. Aliás, é o que especifica Marta, que conhece bem seu "catecismo": "Sei que ressuscitará na ressurreição, no último dia". A Ressurreição não é considerada uma realidade individual, mas coletiva. Jesus propõe a ela uma outra visão, afirmando de maneira explícita quem ele é: ele mesmo é a Ressurreição. Compreendamos que é uma afirmação extraordinária, no sentido estritamente etimológico, uma afirmação como ninguém nunca ouviu. E Jesus prossegue: "Quem crê em mim, ainda que morra, viverá; e quem vive e crê em mim jamais morrerá. Crês nisso?". Não sejamos tolos, trata-se, é claro, de um diálogo recomposto pelo evangelista João. A morte de Lázaro e sua ressurreição preparam o leitor para compreender o que vai acontecer por ocasião da morte de Jesus. Mas é uma mulher, Marta, que será encarregada de confessar a fé em Jesus, o Cristo, o filho de Deus, aquele que era esperado e que chega. Ela o faz "antecipadamente", sem provas, sem ver. Está ao lado daqueles que "não viram e creram" (João 20:29). Está na posição de precursora: sua confissão de fé precede a das mulheres que irão até o túmulo, no terceiro dia após a morte de Jesus.

Na sequência do texto, sua irmã, Maria, entra em cena. Ela se exprime de outra maneira, diferente de Marta, com emoção. Ela também repreende Jesus por não ter vindo mais cedo, mas seu tom é de queixa e de lágrimas. Jesus não tenta convencê-la, não argumenta. Também chora. Quando ele pede que abram o túmulo, novamente a lógica e o bom senso de Marta intervêm e a réplica, trivial, é terrível: "Senhor, já cheira mal: é o quarto dia". É preciso que Jesus apele para a fé que ela já exprimiu: "Não te disse que, se creres, verás a glória de Deus?".

A história acaba bem. Lázaro sai do túmulo com o chamado de Jesus. Volta à vida. De forma estranha, contrariamente às irmãs, ele não fala. Jesus não exprime diretamente sua admiração por Marta, mas trata-a de igual para igual, de homem para homem, poderíamos dizer. A consideração e a estima de Jesus por essa mulher mostram que, para ele, o gênero ao qual ela pertence não é um obstáculo para a inteligência da fé.

# JESUS, O HOMEM QUE FALA COM AS MULHERES

O diálogo com Marta, na ocasião da morte de Lázaro, é um dos exemplos de algumas discussões teológicas conduzidas por Jesus. Se fizermos as contas, através de todos os Evangelhos, esses diálogos são muito raros. Os textos nos relatam numerosos discursos de Jesus, isto é, sequências de ensinamento, em que ele é o único que toma a palavra. Entre os mais significativos, podemos citar o chamado "Sermão da Montanha", no Evangelho de Mateus (Mateus 5; 6; 7) ou nos últimos ensinamentos do Evangelho de João (João 14; 15; 16; 17). Há também algumas discussões com especialistas religiosos, escribas ou fariseus, constituindo breves trocas. Em geral, nos dizem os textos, as perguntas são feitas pelos contraditores de Jesus para colocá-lo à prova, ou seja, para tentar saber exatamente a que escola de pensamento, a que corrente religiosa ele está ligado. É esse o caso quando lhe perguntam qual é o maior dos mandamentos ou se é possível repudiar a esposa por qualquer motivo. Às vezes trata-se de uma armadilha, por exemplo: devemos pagar impostos a César? Se ele responder afirmativamente, é colaborador do ocupante; se responder negativamente, pode ser acusado de insubordinação. Mas tudo isso não constitui, de fato, uma conversa teológica. Paradoxalmente, há poucos vestígios disso nas conversas com os discípulos. Eles basicamente ouvem, às vezes fazem uma pergunta, pedem uma explicação, um esclarecimento.

No Evangelho de João, no entanto, encontramos duas grandes conversas verdadeiramente teológicas. A primeira acontece em Jerusalém, com um homem chamado Nicodemos, um notável fariseu que, segundo o texto, veio encontrar Jesus secretamente, "à noite", por temer as autoridades religiosas (João 3:1–21). A conversa é em torno da identidade de Jesus, que intriga Nicodemos e que o aborda dizendo: "... ninguém pode fazer os sinais que fazes, se Deus não estiver com ele". Nicodemos tem a reputação de um sábio, o próprio Jesus afirma: "És o mestre de Israel e ignoras essas coisas?" No final da conversa, o mínimo que podemos dizer é que as respostas de Jesus não esclareceram nada àquele que veio à noite.

## A samaritana, uma discussão teológica

A outra grande conversa teológica do Evangelho de João, talvez a mais bem-sucedida, desenrola-se, pelo contrário, em pleno meio-dia e em território estrangeiro, na Samaria (João 4:1-42). A interlocutora de Jesus é uma mulher. Eis a cena:

Naquele dia, faz muito calor e o sol queima. Encostado no poço, Jesus tenta aproveitar a fina sombra da beirada. Os discípulos tinham ido comprar alimentos, enquanto ele resolveu ficar ali descansando. Em que ele está pensando, assim silencioso e imóvel? Talvez no frescor da água no fundo daquele poço ou então na fonte que existe ali há séculos e que dizem ser aquela que Jacó deu ao filho, José.

Um passo rápido arranha o solo. Chega uma mulher com um cântaro na mão. Em alguns instantes, ela joga o cantil no fundo do poço, puxa a corda e pega água. Jesus se ergue: que ideia, vir buscar água no poço, em pleno calor do dia! Basta um olhar e ele compreende. A mulher está muito maquiada e aparenta cansaço. Talvez ela prefira enfrentar o ardor do sol a se misturar com as outras mulheres, correndo o risco de se expor a seus olhares e pensamentos pouco amáveis. Pelo menos ao meio-dia ela está sozinha consigo mesma.

A voz de Jesus a faz sobressaltar-se: "Dá-me de beber". Homens que lhe dão ordens, que exigem, infelizmente ela conhece bem. Está acostumada. Mas ela sabe como responder. Também soube reconhecer, num rápido olhar, com quem estava lidando: um daqueles peregrinos que vão da Galileia para a Judeia, ou o caminho inverso, e que atravessam a Samaria para encurtar o trajeto.

Ela sabe como seu povo é desprezado: são tratados de modo pior que os pagãos, acusados de idolatria porque não reconhecem a autoridade do Templo de Jerusalém. Por sua vez, ela conhece bem o desprezo, primeiramente da parte dos seus, que julgam sua conduta. Ela não vai se expor ao desprezo daquele estrangeiro. A réplica é como um estalido: "Como, sendo Judeu, tu me pedes de beber, a mim que sou samaritana?". Não é explicitamente uma recusa, mas quase, e foge às regras da mais elementar hospitalidade.

Jesus não se abala, mas ela não entende a resposta: "Se conhecesses o dom de Deus e quem é que te diz: Dá-me de beber, tu é que lhe pedirias e ele te daria água viva". A mulher fica desconcertada. O que é esse "dom de Deus" do qual ela nada sabe, e quem é esse homem? Por que de pedinte ele passa a ser aquele que poderia lhe oferecer alguma coisa? Geralmente, com ela, os homens exigem, às vezes pagam, mas nunca oferecem. Aliás, o que ele tem para dar? Que promessa ele faz que não poderá cumprir? Ela o encara: "Senhor, nem sequer tens vasilha e o poço é profundo; de onde, pois, tiras essa água viva?". Um pouco por zombaria, ela acrescenta, quase provocadora: "És porventura maior do que nosso Pai Jacó que nos deu este poço, do qual ele mesmo bebeu, assim como seus filhos e seus animais?".

A discussão toma um novo rumo. Jesus passa da promessa da "água viva" à revelação do que é essa água. Ele mostra o poço: "Aquele que bebe desta água terá sede novamente; mas quem beber da água que lhe darei, nunca mais terá sede". A chama do desejo se acende nos olhos da mulher; ela nem ouve o que Jesus acrescenta: "Pois a água que eu lhe der tornar-se-á nele fonte de água jorrando para a vida eterna". Ela fica na materialidade das coisas. Ela quer a água que Jesus promete para não ser mais obrigada a vir buscá-la no poço. Só de pensar nisso, ela suspira de alívio: nunca mais ficará cansada de puxar a corda e, principalmente, não precisará vir nas horas mais quentes para evitar o opróbrio.

Jesus seguiu o pensamento dela? Ele a interrompe com poucas palavras: "Vai, chama teu marido e volta aqui". Não haveria ali um pouco de crueldade da parte dele? Será que ele não sabe que

justamente aquela mulher não tem marido? Em todo caso, ela não hesita. Sua resposta é sincera: "Não tenho marido". E Jesus aprova sua franqueza: "Falaste bem: 'não tenho marido', pois tiveste cinco maridos e o que agora tens não é teu marido...".
Durante séculos, a situação dessa mulher foi muito censurada. Uma "pecadora", dizia-se. O que é certo é que ela não segue a regra. Como já dissemos, para vir até o poço a uma hora dessas, seria preciso que ela não estivesse entre as mulheres "respeitáveis". Sobre a simbologia do número de cinco ou seis homens que teve, dizia-se que esse era o número de ídolos que os judeus atribuíam aos samaritanos. Talvez possamos ver mais simplesmente no número seis (cinco mais um) o não acabamento, como nos jarros de Caná. Com seis homens, ela ainda não encontrou o bom. Mas ela encontra Jesus no poço, e isso não é irrelevante. Na Bíblia, esse é o lugar por excelência do encontro amoroso. É lá que Jacó se apaixona por Raquel e que Moisés encontra Zípora, que se torna sua mulher... Não estará a samaritana encontrando no poço o verdadeiro homem da sua vida, e até mesmo exatamente o homem que dá a Vida?

Se olharmos as coisas por esse ângulo, é evidente que a dimensão do desejo está extremamente presente na conversa entre Jesus e essa mulher. Ele tem sede e pede para beber, promete uma água que fará com que ela nunca mais tenha sede. Primeiramente cética, ela quer essa água. Os dois pedidos, imperativos, cruzam-se. "Dá-me de beber", diz Jesus, "dá-me dessa água", responde a mulher como num eco. Existe aí uma espécie de *pas de deux* do desejo.

Depois dessa troca, e quando a mulher admite não ter marido, a conversa muda de sentido mais uma vez. A samaritana, reconhecendo em Jesus um profeta, começa um debate francamente teológico. Já que ela encontra alguém competente, vai tirar proveito disso. E sua pergunta é: onde se deve adorar a Deus? No Templo de Jerusalém, como fazem os judeus da Judeia e da Galileia, ou no monte Gerizim, como fazem os samaritanos?

Sob os traços dessa mulher de modos licenciosos, Jesus cruzou com uma teóloga. Isso é inesperado. Ele não se esquiva nem se surpreende com o fato de que ela começa a discutir com ele. Mas, como quase sempre, ele desloca a questão e responde que virão os tempos em que não vamos adorar nem em Jerusalém nem na montanha, mas "em espírito e verdade": "Deus é espírito e aqueles que o adoram devem adorá-lo em espírito e verdade", explica.

A mulher não fica nada desconcertada com essa resposta no mínimo surpreendente. De fato, as teses então em vigor se apoiam no passado. Os judeus (da Judeia e da Galileia) reivindicam a herança de Davi e Salomão. Para eles, Jerusalém é indiscutivelmente a cidade santa, escolhida pelo próprio Deus, aquela que os profetas sempre abençoaram e louvaram, tendo até mesmo visto na cidade terrestre uma prefiguração da cidade celeste. No livro de Isaías, por exemplo, podemos ler essas palavras dirigidas à cidade:

> Põe-te em pé, resplandece, porque tua luz é chegada, a glória de Iahweh raia sobre ti. Com efeito, as trevas cobrem a terra, a escuridão envolve as nações, mas sobre ti levanta-se Iahweh e sua glória aparece sobre ti. As nações caminharão na tua luz, e os reis, no clarão do teu sol nascente (Isaías 60:1-3).

Por outro lado, os samaritanos reivindicam a paternidade de Jacó, seu ancestral, uma tradição considerada mais antiga que a de Jerusalém. Mas Jesus não se volta para o passado, e sim para o futuro. Logo ninguém mais brigará no lugar onde se deve adorar o Senhor, pois bastará fazê-lo, onde quer que estejamos, "em espírito e verdade".

A mulher parece ter compreendido aonde Jesus a conduz e quer ir mais longe. Já que esse homem aceita ser um parceiro e lhe responde seriamente, ela aproveita e, dessa vez, seu tema é o Messias, pois é ele que "nos explicará tudo" quando chegar, diz. Ela também se desloca para o futuro e a esperança, seguindo a lógica de seu parceiro. A resposta de Jesus é impressionante: "Sou Eu, que falo contigo". A Bíblia de Jerusalém, cuja tradução utilizo, colocou uma maiúscula no pronome pessoal, para sublinhar que o EU usado por Jesus tem o mesmo alcance do EU SOU com o qual Deus responde a Moisés, que lhe perguntou seu nome, no episódio da sarça ardente, no livro do Êxodo (Êxodo 3:14).[1] Desse modo, no Evangelho de João, a revelação que Jesus faz de si mesmo como sendo da mesma natureza de Deus é dirigida a uma mulher estrangeira. De um lado, com Moisés, temos uma sarça que não se consome e cujo fogo não se extingue; de outro, temos aqui a promessa de uma água viva que não cessará de jorrar e cujo consumo saciará toda sede para sempre. E essa mulher insignificante se torna aquela a quem é confiado o tesouro desse conhecimento, como um novo Moisés.

A narrativa poderia se encerrar ali, mas a chegada dos discípulos, de certo modo, rompe o encanto. Eles veem apenas a singularidade da cena, aquela mulher que conversa com o mestre. Eles se surpreendem, mas nada lhe perguntam, diz o texto. Certamente eles acham aquilo muito inconveniente. O texto nos diz que perguntas eles não ousam fazer diretamente aos protagonistas. À mulher: "Que procuras?", a Jesus: "Que falas com ela?". Sentimos o peso das críticas implícitas. Imediatamente pensam que a mulher procura alguma coisa; talvez dinheiro em troca dos seus encantos. Quanto a Jesus, o subentendido é claro: o que ele teria a dizer àquela criatura? O que pode haver em comum entre ela e ele? Os discípulos não podem imaginar o impensável: que aqueles dois acabam de travar uma das mais sérias conversas teológicas de todos os Evangelhos; que Jesus acaba de revelar àquela mulher quem ele é. Eles pensam que ela quer vender seus encantos, mas é Jesus quem se revela.

A sequência é construída assim como serão as cenas envolvendo a Ressurreição, nas quais as testemunhas correm para anunciar o que viram e ouviram. Assim, ainda no Evangelho de João, Maria Madalena corre para encontrar Simão Pedro quando

---

1. Na tradução brasileira usada aqui (Paulus, 2020), "Sou eu, que falo contigo" (João 4:26), o pronome não está em maiúscula. Por outro lado, no episódio da sarça ardente (Êxodo 13:14), "EU SOU *me enviou até vós*" está em maiúscula. [N. T.]

ela descobre o túmulo aberto e, depois, Pedro e um outro discípulo – talvez João – correm até o túmulo. No Evangelho de Lucas, são os discípulos do caminho de Emaús que correm até Jerusalém, depois de terem reconhecido Jesus. Mesma coisa no Evangelho de Mateus, no qual as mulheres correm para anunciar aos discípulos a notícia que receberam do anjo diante do túmulo vazio (João 20:2; Lucas 24:33; Mateus 28:8).

A mulher da Samaria vai, então, correndo, anunciar às pessoas da cidade, da sua cidade, que ela acaba de encontrar um homem que pode ser o Messias. O texto até diz com precisão: "A mulher, então, deixou seu cântaro...", para assinalar que a partir de agora nada é mais urgente para ela do que essa mensagem. A notícia que ela recebeu a faz esquecer a necessidade da água. Esse "deixou seu cântaro" ressoa como o chamado aos primeiros discípulos, à beira do lago da Galileia, onde eles também "deixaram" sua barca para seguir Jesus. Eles se tornaram "pescadores de homens" (Mateus 4:19) e não precisam mais do seu instrumento de trabalho; ela, de modo simbólico, não tem mais sede porque as palavras trocadas com Jesus a saciaram. Agora seus pés correm rapidamente. Ela, que veio até o poço numa hora em que não encontraria ninguém, torna-se a mensageira da Boa-Nova que acaba de receber. "Como são belos, sobre os montes, os pés do mensageiro que anuncia a paz, do que proclama boas-novas e anuncia a salvação, do que diz a Sião: O teus Deus reina" (Isaías 52:7). Esses versículos do profeta Isaías parecem escritos para ela.

Essa cena é como uma delicada miniatura na qual se exprime todo o talento narrativo do evangelista. Como sempre em João, a dimensão alegórica é importante, até mesmo essencial. É preciso que seja dito o quanto são lamentáveis as leituras limitadas que só veem, de um lado, o discurso de Jesus sobre a água viva – isto é, nada além da Ressurreição e da vida – e, do outro, uma mulher leviana que Jesus colocou diante de seu pecado. No entanto elas são comuns. Apoiam-se num pequeno trecho da frase dita pela mulher aos habitantes da cidade: "Vinde ver um homem que me disse tudo o que fiz. Não seria ele o Cristo?" Esse "que me disse tudo o que fiz" é interpretado como o reconhecimento pela mulher do próprio pecado (ter muitos homens). Ao fixar a atenção sobre essas palavras, os comentadores escamoteiam o essencial: essa mulher está reconhecendo Jesus como o Cristo ou o Messias (essas duas palavras significam a mesma coisa, uma em grego, *Christos*, a outra em hebraico, *Mashiah*). Essa leitura, profundamente pejorativa, que só vê a samaritana sob o ângulo de um rígido moralismo fora de propósito escamoteia uma coisa: é a uma mulher que Jesus confia de maneira plena quem ele é; é com uma mulher que ele tem uma discussão teológica decisiva, e o mínimo que podemos dizer é que essa mulher tem um interlocutor à altura. Mais uma vez, aquilo que poderia ser entendido como um privilégio concedido por Jesus a uma mulher é ocultado.

### A mulher de Zebedeu, mãe coragem

Se o diálogo com a samaritana é sem dúvida o mais desenvolvido de todos, não é, porém, o único caso em que Jesus debate com uma mulher. Já no episódio da cananeia, ele se rendera aos argumentos daquela mãe insistente e até mesmo importuna, determinada e sem medo de ser humilhada. O mesmo ocorre com Marta, mencionada ao mesmo tempo no Evangelho de João, acerca da ressurreição de Lázaro, e no de Lucas, no qual ela acolhe Jesus em sua casa e briga com a irmã, Maria, que não vem ajudá-la a preparar a refeição (episódio que veremos no capítulo seguinte).

Uma outra mulher de temperamento forte aparece no Evangelho de Mateus: trata-se da mãe dos filhos de Zebedeu,[2] Tiago e João, dois irmãos que Jesus chama, em seguida, ao mesmo tempo que Simão Pedro e André, e que ele apelida de "filhos do trovão", (Marcos 3:17), talvez por causa do caráter impetuoso. Eis a cena:
Estamos no caminho que leva a Jerusalém, pouco antes da morte de Jesus. A hora decisiva está chegando: Jesus acaba de

---

2. É possível que ela seja a Salomé que Marcos coloca ao pé da cruz e no túmulo, na manhã da Ressurreição (Marcos 15:40).

anunciar pela terceira vez a provação que o espera. Enquanto na cena paralela, em Marcos, são os dois irmãos que se dirigem diretamente a Jesus (Marcos 10:35-40), Mateus faz intervir a mãe dos dois homens (Mateus 20:28-29). Ela leva os filhos consigo e se comporta à altura de Jesus. Ao chegar, prosterna-se diante dele. Quando Jesus pergunta o que ela quer, não hesita: "Dize que estes meus dois filhos se assentem um à tua direita e o outro à tua esquerda, no teu Reino". Podemos sorrir dessa mãe protetora que toma seus dois filhos mais velhos sob a sua asa ou admirar sua coragem. De fato, Jesus não a afasta, mas é aos filhos que ele responde: "Não sabeis o que pedis". Por causa dos dois irmãos, "os dez" outros ficaram irritados, precisa o texto. A observação é interessante porque mostra que, quando o texto menciona "Jesus e os Doze", ele omite todos os que seguem o grupo, particularmente as mulheres.

Além, no entanto, da evidência de que essa expressão "Jesus e os Doze" recobre na realidade um grupo muito maior de pessoas próximas, amigos e parentes, a presença da mãe dos Zebedeus surpreende um pouco. Na cena, ficamos sabendo que ela deixou sua Galileia natal, a beira do lago e sua casa para seguir Jesus e os filhos até Jerusalém.

O certo é que, no caminho para Jerusalém, a mãe dos filhos de Zebedeu engana-se ao pensar que Jesus é um rei, no sentido mundano, e que seus filhos se sentarão um à sua direita, o outro à sua esquerda. Contrariamente, porém, aos filhos, na hora decisiva, ela não abandonará o mestre. Seus filhos bancaram os fanfarrões garantindo a Jesus que seriam capazes de beber do cálice que ele iria beber – ou seja, passar pela mesma prova. Como todos os outros, no momento da prisão, eles se dispersarão para escapar do destino do mestre. Ao pé da cruz, ficarão apenas as mulheres, entre as quais a mãe deles:

Estavam ali muitas mulheres, olhando de longe. Haviam acompanhado Jesus desde a Galileia, a servi-lo. Entre elas, Maria Madalena, Maria, mãe de Tiago e de José, e a mãe dos filhos de Zebedeu (Mateus 27:55-56).

Na tormenta, essa mãe resistirá, contrariamente aos seus "filhos do trovão", que, no entanto, foram escolhidos por Jesus desde o começo da aventura para figurar entre os mais próximos. Eles, que o acompanharam na montanha, na Transfiguração, e a quem Jesus pediu para rezar consigo, na noite da prisão, acovardaram-se no derradeiro instante.

A conclusão desse pequeno episódio não será que os homens fazem promessas e as mulheres as cumprem?

# JESUS, O HOMEM QUE LIBERTA AS MULHERES

"Estando em viagem, entrou num povoado, e certa mulher, chamada Marta, recebeu-o em sua casa". Bastam cinco versículos ao autor do Evangelho de Lucas para nos oferecer em uma cena, admiravelmente elaborada, a famosa história de Marta e Maria (Lucas 10:38-42). As duas irmãs aparecem num outro Evangelho – o de João –, num episódio muito diferente, mas nos dois casos as características das personagens são notavelmente traçadas e perfeitamente coerentes, e Marta aparece como a resmungona de bom coração. João nos apresenta as duas mulheres abatidas pela morte do irmão Lázaro e detalha as fortes ligações de amizade que unem a família a Jesus. Lucas não leva isso em conta, mas sua narrativa nos mostra Jesus na intimidade da casa, agindo e se expressando como faria um familiar. Notamos que nessa narração Lázaro não é citado, tampouco os discípulos, que desaparecem logo no primeiro versículo. "Estando em viagem com seus discípulos", nos diz o texto, evocando o pequeno grupo de homens e mulheres que acompanham Jesus da Galileia até a Judeia. Em seguida, o texto subitamente continua no singular: "entrou num povoado". Trata-se, é claro, de Jesus, que é o único que, de acordo com o texto, entra na casa das duas irmãs.[1]

**Marta e Maria, ou será que o lugar das mulheres é na cozinha?**

Pelo que diz o evangelista João, Marta e Maria vivem em Betânia, sob as muralhas de Jerusalém, ou seja, no final do périplo. Lucas

---

1. A tradução brasileira (Paulus, 2020) já suprime os discípulos logo no início da narrativa: "Estando em viagem, entrou num povoado..." (Lucas 10:38). [N. T.]

não explica isso. Quando ele indica que Jesus entra num povoado, não diz o nome. Ele é recebido na casa de "certa mulher chamada Marta". Nesse momento, os discípulos desaparecem. Resta apenas ela como figura principal, que acolhe Jesus "em sua casa". Marta é uma das raras presenças femininas a deixar seu nome no Evangelho. Por que ela reina sozinha na casa? Ela não tem marido? É viúva? O texto nada diz quanto a isso, mas tudo indica que ela é a dona da casa. Sob seu teto, vive a irmã Maria. Seguindo a lógica do texto, parece que esta é a mais nova. Ela não dá ordens, contrariamente a Marta, que está na própria casa. Assim, enquanto Marta se agita para oferecer a Jesus uma acolhida digna do seu nível – do nível de Jesus, mas também da casa –, Maria, a caçula, senta-se aos pés de Jesus para escutar. Marta, ocupada com as múltiplas atividades do serviço, intervém: "Senhor, a ti não importa que minha irmã me deixe assim sozinha a fazer o serviço? Dize-lhe, pois, que me ajude". Mas o Senhor respondeu: "Marta, Marta, tu te inquietas e te agitas por muitas coisas; no entanto, pouca coisa é necessária, até mesmo uma só. Maria, com efeito, escolheu a melhor parte, que não lhe será tirada".

Em algumas palavras, Lucas criou o cenário: uma casa, duas mulheres e Jesus. Marta quer que tudo esteja perfeito. Para seu visitante, é claro, mas talvez também para aqueles e aquelas que o acompanham. Mesmo que eles tenham desaparecido do campo da narrativa, é provável que também sejam acolhidos e alimentados. Não é difícil imaginar Marta preparando tudo com esmero – o ruído das louças e panelas, os saltos dos sapatos fazendo barulho, as ordens dadas aos empregados ressoando cada vez mais alto. Durante esse tempo, um pouco afastada, uma mulher não participa de toda essa efervescência. Ela permanece imóvel e silenciosa. Apenas escuta e permanece indiferente ao tumulto imposto por Marta. Jesus também, aliás.

Os meios indiretos não fazem efeito, e Marta precisa usar um método mais explícito. Uma frase, uma única frase, uma obra-prima de maldade, que visa incomodar aos dois protagonistas, Jesus e Maria – os dois culpados, segundo ela –, reunidos na mesma repreensão:

"Senhor, a ti não importa que minha irmã me deixe assim sozinha a fazer o serviço? Dize-lhe, pois, que me ajude". Mesmo tendo tratado Jesus de "Senhor", a repreensão está lá. Primeiramente, é a ele que ela se dirige, pois ele não parece se dar conta dos esforços que ela está fazendo por sua causa e que seu dever seria mandar Maria ajudar a irmã.

Analisemos cuidadosamente esta mensagem: não só Maria é uma jovem irresponsável que negligencia o trabalho por fazer, que não sabe qual é o seu dever, mas, ainda por cima, Jesus não lembra a ela as suas obrigações para o bom funcionamento das coisas. Em uma frase, Marta definiu tudo: de um lado, ela mesma, uma mulher responsável que sabe dirigir a própria casa; do outro, uma jovem desligada e preguiçosa que ignora o seu lugar; entre as duas, Jesus, um homem que mostra um interesse culposo pela jovem Maria, indiferença pelo trabalho de Marta, e do qual exigem que tome partido.

A pequena cena que Lucas nos apresenta é de uma surpreendente precisão psicológica, marcada pela experiência vivida. Fruto de uma bela observação da vida cotidiana, ela é intemporal. Que dona de casa nunca teve a reação de Marta? Que mãe de família nunca disse a um pai que brincava com os filhos: "Diz à tua filha (e, mais raramente, a teu filho) para vir me ajudar"?

O que surpreende nessa narrativa é a reação de Jesus. Ele responde, já que é interpelado. O tom é familiar, apaziguador e firme: "Marta, Marta..." A repetição do nome traz um toque de familiaridade, é um duplo apelo, como se fosse preciso trazê-la de volta, redizer seu nome enquanto ela está perdida em seu papel. A sequência ilustra isso: "tu te inquietas e te agitas por muitas coisas; no entanto, pouca coisa é necessária, até mesmo uma só". Pobre Marta, que se sentia cheia de importância, que achava ser indispensável e cujo trabalho é reduzido a preocupações e agitações inúteis! Só uma coisa conta, lhe diz Jesus, e é justamente o que ela não faz e que Maria compreendeu: sentar, escutar. Marta achava que, para receber o visitante, devia organizar um trabalhoso jantar, mas é a irmã que é apontada como exemplo. Aquela que se contenta com o silêncio é a que acolhe de verdade. E Jesus conclui: "Maria, com efeito, escolheu a melhor parte, que não lhe será tirada". Que não se conte com ele para ser o braço armado da justiça, de acordo com Marta. Observemos que Jesus não nega a injustiça, na medida em que ele reconhece que "a parte" de Maria é a "melhor". Não pela razão dada implicitamente por Marta, porque seria mais confortável e menos cansativo, mas porque é o essencial, enquanto Marta se ocupa com o supérfluo.

Esse texto é certamente irritante para muitas mães de família e donas de casa que se sentem relegadas à parte ruim. Mas basta que escutem o sermão do padre para compreender que não se deve ver ali um desprestígio do trabalho. Explicam a elas que o texto deve ser lido de maneira alegórica. Marta encarnando a parte missionária, pastoral, ativa da vida cristã, e Maria a parte contemplativa, da prece e da interioridade. E o padre acrescentará, para se sair bem e não angariar inimigos, que cada um e cada uma será ora Maria, ora Marta, e as duas são úteis. Aliás, ele conclui que, felizmente, existem as Martas para cuidar das refeições da família e do aspecto material das coisas, mas é preciso lembrar a elas que a melhor parte é a de Maria e que é preciso sempre encontrar algum tempo para a oração. O que é importante é que os bons sermões lembram que essa história se dirige a todos os cristãos. Todos são ao mesmo tempo Marta, que se agita pelos outros, que está a serviço, e Maria, que escuta e medita.

Observemos, com um pouco de malícia, que, apesar de a maior parte dos pregadores defender Marta, talvez seja por temer que, ao privilegiar demais o lugar de Maria, a boa gente, homens e mulheres, desista de colocar, como as Martas, seu tempo e seus braços a serviço da paróquia para as tarefas necessárias. Poderemos até pensar que o reverendo padre apoia mais ainda Marta porque ele se coloca implicitamente no melhor lugar, o de Maria, e não quer perdê-lo.

Essa é a leitura que os Santos Padres geralmente fazem do texto de Lucas, e esse melhor lugar, o único necessário, se tornará um dos fundamentos da vida monástica. Enquanto isso, já teremos esquecido que é uma mulher que dá o exemplo. Mas, se esse texto é sempre interpretado dessa maneira, é principalmente porque, há séculos, ele é lido por homens que não sabem o que fazer com essa história de mulheres. Na melhor das hipóteses, ela não lhes interessa; na pior, ela os incomoda. Existe ali alguma coisa a temer? Vamos reler esse episódio com um outro olhar, sem inferir-lhe imediatamente uma interpretação, mas, da maneira mais simples possível, de acordo com seu primeiro sentido.

Jesus é acolhido na intimidade de uma casa onde vivem duas mulheres. Uma cuida das tarefas domésticas para que tudo esteja perfeitamente em ordem, enquanto a outra senta-se aos pés do convidado e escuta-o. Vemos, portanto, Marta no papel reservado às mulheres, o cuidado da casa. Ela está "ocupada", diz o texto, o que nós diríamos de bom grado "assoberbada". Nas sociedades modernas, contudo, nas quais as mulheres saem de casa, estudaram, têm responsabilidades profissionais, elas conservam esse papel por meio daquilo que chamamos de "carga mental". É o que carregam tantas mulheres que devem pensar em tudo o que é necessário para o bem-estar da família e da casa: fazer a lista das compras, enviar o cheque para pagar a merenda, chamar um encanador, lembrar que um tem aula de piano, o outro de judô, pensar em organizar o aniversário do caçula, lembrar ao marido o aniversário da irmã ou do afilhado. Essa é a condição das mulheres: mesmo aquelas que não fazem tudo devem continuar a pensar em tudo, de maneira que elas têm sempre a impressão de que essa preocupação com o cotidiano absorve o seu próprio ser. Assim é Marta nesse texto. Ela representa a condição das mulheres por excelência e, provavelmente, ela é excelente naquilo que faz.

Maria "ficou sentada aos pés do Senhor". Ela escuta, a mente livre, sem se preocupar com o serviço da casa. Se olharmos um pouco mais de perto a formulação de Lucas, descobriremos que essa é a expressão consagrada, na época, para designar o discípulo junto ao mestre. Quando um jovem escolhe um mentor para aperfeiçoar sua educação, dizia-se que ele estuda "aos pés" do mestre.

No mundo judeu, trata-se do estudo da Torá, um privilégio que, no tempo de Jesus, é estritamente reservado aos homens e permanecerá assim até o século xx. A atitude de Maria, portanto, é literalmente a do discípulo. Então, ao escolher o lugar da escuta e do estudo, Maria escapa à condição feminina e ao serviço da casa. Marta, porém, não entende bem assim. Ela ilustra esse paradoxo, observado com frequência, que são as próprias mulheres que criam obstáculos à própria emancipação em nome das convenções e da tradição. Como todos sabem, é característico de um processo de alienação bem conduzido obter o consentimento total do alienado. Marta assumiu o que deve ser o lugar das mulheres, e ela quer que Jesus a apoie e faça com que Maria retorne à sua condição.

É nesse ponto que a resposta de Jesus toma toda a sua dimensão. Ao dizer que "Maria escolheu a melhor parte", isto é, o lugar de discípula, e que esta "não lhe será tirada", entende-se que ela não será obrigada a retomar as tarefas tradicionais das mulheres. Aí está o primeiro sentido do texto, antes de qualquer outra leitura alegórica: não, o lugar das mulheres não é necessariamente na vida doméstica; elas podem escolher o estudo, que até então era reservado aos homens, e elas não só podem tomar esse melhor lugar como ninguém poderá tirá-las dali. Em termos contemporâneos, nessa pequena cena, Jesus liberta as mulheres da determinação de gênero. Nada menos que isso.

Não surpreende que essa simples leitura nunca tenha sido feita, num mundo em que, durante séculos, as mulheres foram destinadas aos cuidados e ao serviço, e que permitiu que apenas os homens se dedicassem aos estudos.

Nessa história, os comentadores clássicos nunca pensam que poderia se tratar de um ensinamento que diz respeito às mulheres. O texto é imediatamente estendido a um valor universal. Inversamente, quando Jesus escolhe discípulos homens, conclui-se que o sexo é significativo, mas quando um texto parece explicitamente se referir unicamente ao papel e aos deveres da mulher, logo se dá a ele uma dimensão alegórica, apagando a natureza de gênero das palavras de Jesus. Entretanto, trata-se de palavras fortes, explícitas, que carregam um poder de libertação feminina, por menos que se queira compreender o que é realmente dito.

## A mulher adúltera: quando a culpa muda de campo

A história de Marta e Maria é um belo exemplo de libertação das mulheres por Jesus, mas não é o único. Na sociedade em que ele vive, há algumas restrições, em relação às mulheres, ligadas particularmente à sua impureza, isto é, a tudo o que diz respeito às características do sexo feminino: a menstruação ou o sangue presente no nascimento – voltaremos a isso por ocasião da história da mulher que perdia sangue. Uma outra injustiça, porém, pesa sobre as mulheres, dessa vez ligada ao adultério. Na lei dita "de Moisés", um dos dez mandamentos diz explicitamente: "Não cometerás adultério" (Êxodo 20:14), e os livros do Levítico e do Deuteronômio estipulam que a punição será nada menos que a morte por apedrejamento (Levítico 20:20; Deuteronômio 22:22–23). Em todos os casos, o homem e a mulher são igualmente culpados e condenáveis. Parece, porém, que na época de Jesus a condenação atinge com mais frequência exclusivamente a mulher. Sabemos que ainda é assim em muitas culturas masculinistas nas quais o peso da culpa, o opróbrio e a desonra abatem-se exclusivamente sobre o sexo feminino.

O Evangelho de João conta uma cena que acontece em Jerusalém, quando Jesus está ensinando, sentado sob a colunata do Templo (João 8:1–11). Alguns homens jogam aos pés dele uma mulher que, segundo eles, foi surpreendida em flagrante delito de adultério. Observemos que, se for o caso, o homem que estava pecando com ela também deveria estar ali. Onde está ele quando a mulher é trazida até Jesus? Novamente, segundo a lei de Moisés, ele também é passível de morte.

Segundo o texto do Evangelho de João, os acusadores da mulher têm principalmente a intenção de pôr Jesus à prova. Na passagem anterior, o autor mostrou que as instâncias religiosas questionavam-lhe a identidade e a autoridade. De onde ele tira aquilo que diz? Essa é a grande pergunta. A mulher infiel é, portanto, um pretexto. Não é ela que será julgada, mas Jesus: será ele fiel à Lei?

A questão dos que trazem a mulher é a seguinte: "Na Lei, Moisés nos ordena apedrejar tais mulheres. Tu, pois, que dizes?". "Tais mulheres" soaria tão desprezível nas suas bocas quanto nos parece? Provavelmente. Aliás, para eles, o destino da mulher não importa; o que existe é a Lei e, mais ainda, a possibilidade de "embaraçar" Jesus: "Eles assim diziam para pô-lo à prova, a fim de terem matéria para acusá-lo", acrescenta claramente o texto.

Observemos que não é dito de maneira explícita que a sentença de apedrejamento não é ou deixou de ser aplicada de maneira sistemática. Os homens que trazem a mulher até Jesus acham que ele não vai querer pronunciar tal condenação, embora ela continue a existir na Lei.[2] Para salvar a mulher, Jesus terá que explicar que a Lei não é aplicada. Fazendo isso, ele mostrará uma forma de relativismo que poderá ser criticada. Essa "prova" é ainda mais cruel porque se trata da vida de uma mulher, mas é claro que, para os interlocutores de Jesus, o destino dessa mulher importa pouco.

O texto de João nos mostra, na resposta de Jesus, uma encenação muito elaborada. Primeiramente, ele não encara os acusadores. Curva-se para a frente, na direção do chão, e desenha riscos na poeira. Está escrevendo alguma coisa? Se estiver, o que será? É um mistério que fará correr muita tinta e saliva. Mas será importante? Se estivermos lendo a continuidade narrativa do texto evangélico, as últimas palavras que Jesus pronunciou antes desse episódio diziam respeito à promessa de uma "água viva" e sobre o dom do Espírito, uma alusão direta ao profeta Ezequiel:

---

2. De fato, os *Atos dos apóstolos* relatam o apedrejamento de Estêvão, sob as ordens do Sinédrio (Atos 7:55-60), e o historiador judeu Flávio Josefo relata o de Tiago, o irmão do Senhor, que dirigia a comunidade de Jerusalém, sob as ordens do sumo sacerdote Ananus ben Ananus, em 60 ou 61.

Borrifarei água sobre vós e ficareis puros; sim, purificar-vos-ei de todas as vossas imundícies e de todos os vossos ídolos imundos. Dar-vos-ei coração novo, porei no vosso íntimo espírito novo, tirarei do vosso peito o coração de pedra e vos darei coração de carne (Ezequiel 36:25-26).

Existem formulações muito semelhantes no profeta Jeremias: "Porei minha lei no fundo do seu ser e a escreverei em seu coração. Então serei seu Deus e eles serão meu povo." (Jeremias 31:33).

Enquanto os dois profetas destacavam uma lei que se encarna, que se inscreve na carne, se grava no coração, aquela à qual se referem os acusadores da mulher é uma lei de pedra. Uma lei que esmaga o coração e a carne, tanto no sentido figurado quanto no sentido próprio, visto que eles pretendem nada menos que matar a mulher por apedrejamento...

Jesus cumpre a promessa dos profetas e faz passar a lei da pedra para a da carne, como sugere o evangelista João, sempre levando os leitores pelos caminhos da alegoria. Por que não ver, na fragilidade dos signos traçados na poeira, esse momento no qual a Lei perde a rudeza para poder se inscrever na ternura e na misericórdia? A Lei de Moisés foi escrita na pedra "pelo dedo de Deus". Estaria o dedo de Jesus na poeira esboçando a nova lei da misericórdia e do amor, aquela que vai se inscrever no coração dos homens e das mulheres?

Jesus, com os olhos baixos, primeiramente não responde, não revida, não argumenta. Entre ele e o círculo dos homens acusadores há o corpo da mulher. Sua carne, sobre a qual eles estão prestes a inscrever a Lei com pedradas.

Diante do silêncio de Jesus, os homens insistem. Ele se coloca do lado da mulher, isto é, do pecado, ou do lado deles, o lado da Lei? Jesus poderia responder a eles: "Onde está o homem?", mas isso seria deslocar a acusação para outro culpado. Ele se mostra muito mais habilidoso. Ergue-se, finalmente, olha-os e diz: "Quem dentre vós estiver sem pecado, seja o primeiro a lhe atirar uma pedra", e imediatamente inclina-se novamente para o chão e recomeça a escrever. E ali estão eles, diante de si mesmos, diante de seu coração e da sua consciência, e não mais diante de uma mulher, armados com a Lei. Como acontece com frequência no Evangelho de João, há uma forma de humor muito áspero na continuação. O texto diz que "ouvindo isso, saíram um após o outro, a começar pelos mais velhos". Mas que crueldade do evangelista. Por que os mais velhos saem primeiro? É porque pecaram muito ou porque são mais conscientes? No fim das contas, todos renunciaram e Jesus ficou sozinho, diante da mulher que não se mexeu nem disse nada.

E Jesus se dirige a ela. Esse simples fato devolve-lhe a dignidade. Ela não é mais o objeto do delito, jogada diante de Jesus, e sobre o qual ele tinha que legislar. Ela volta a ser uma pessoa, um ser com o qual nos relacionamos e até mesmo conversamos. Ela não é mais uma das "tais mulheres", mas uma mulher como as outras, e é assim que Jesus se dirige a ela: "Mulher, onde estão eles? Ninguém te condenou?" Por várias vezes, no Evangelho de João, Jesus interpela assim as mulheres: diante da mãe, em Caná e ao pé da cruz, diante da samaritana e, antes que ela o reconhecesse, diante de Maria Madalena e o túmulo vazio. Esse termo nada tem de pejorativo. Muito pelo contrário, ele restaura aqui a dignidade da culpada. E, de fato, ela toma a palavra e responde: "Ninguém, Senhor". Emana, então, de Jesus a conclusão libertadora: "Nem eu te condeno. Vai, e de agora em diante não peques mais".

A atitude e a palavra de Jesus são, de fato, incrivelmente subversivas, e essa cena da mulher adúltera provocará tanto escândalo que muitos manuscritos evangélicos antigos não a mencionam.[3] Mas sua autenticidade foi finalmente reconhecida – embora os pesquisadores pensem geralmente que esse texto pertencia originalmente ao Evangelho de Lucas – e esse episódio está atualmente entre os mais famosos do Evangelho.

O Jesus que nos é mostrado se parece perfeitamente com aquele que conhecemos de outras ocasiões, meigo, misericordioso... Mas será que foi a misericórdia de Jesus que chocou? Como

---

3. Particularmente, ela não está nem no *Sinaiticus* nem no *Vaticanus*, que são dois dos manuscritos mais antigos da Bíblia.

acreditar nisso quando há outras narrativas também misericordiosas que não provocaram tamanha reticência? Basta ver, na cruz, o perdão dado ao ladrão, e até mesmo outras vezes em que diz: "Pai, perdoa-lhes: não sabem o que fazem" (Lucas 23:34). Esses perdões nunca foram um problema.

Com isso, temos que concluir que é o perdão dado a uma mulher adúltera que foi julgado escandaloso. Não a tendo condenado, Jesus coloca seu pecado no mesmo nível que os diversos pecados dos homens que a jogaram a seus pés. Um pecado comum, nem mais nem menos, nem maior nem menor que os outros. Um pecado que não é negado – Jesus diz: "Vai, e de agora em diante não peques mais" –, mas pelo qual a culpada não recebe a sentença de morte.

Com esse gesto, Jesus liberta essa mulher do poder dos homens. É o que ele já havia feito quando respondeu àqueles que lhe perguntavam se podiam repudiar a esposa por qualquer pretexto. Se acompanharmos a posição e as palavras de Jesus, fica claro que para ele as mulheres não pertencem aos homens, e estes consequentemente não têm direito de vida ou morte sobre elas. Ao libertar as mulheres do domínio dos homens, Jesus as liberta de uma lei da qual os homens se isentaram, que pesa apenas sobre elas e as coloca à mercê da vingança masculina.

### E se a maternidade não fosse a "vocação" das mulheres?

No domínio da libertação feminina, é preciso examinar aqui aquilo que Jesus poderia ter dito não *às* mulheres, mas *sobre* as mulheres. Os escritos cristãos não deixaram de magnificar a maternidade como sua vocação e realização. Em 1988, o papa João Paulo II exprime isso da maneira mais clara do mundo, na Carta apostólica *Mulieris dignitatem* (Dignidade da mulher). No capítulo intitulado "Duas dimensões da vocação da mulher", lê-se: "Devemos agora dirigir a nossa meditação para a virgindade e a maternidade, duas dimensões particulares na realização da personalidade feminina." Para esse papa, não há dúvida de que a vocação das mulheres é a maternidade, cujo auge da perfeição é Maria de Nazaré. O texto se situa na mais estrita e constante tradição cristã.

Entretanto, quando lemos os quatro evangelhos, buscamos em vão uma palavra de Jesus que destinasse as mulheres a serem esposas ou mães ou que fizesse um elogio a esse aspecto. Um episódio já citado no texto de Lucas (Lucas 11:27-28) é revelador sob esse aspecto, quando uma mulher grita no meio da multidão: "Felizes as entranhas que te trouxeram e os seios que te amamentaram". A frase tem a forma de uma beatitude, contudo Jesus não apenas não aprova, mas retruca do mesmo modo: "Felizes, antes, os que ouvem a Palavra de Deus e a observam". Não há maneira mais eficaz de recusar atribuir um papel às mulheres por causa da sua biologia. Jesus coloca assim as coisas nos seus devidos lugares: o que é importante não é o que se passa no corpo, mas no coração. Nesse caso, a dignidade de Maria de Nazaré não está ligada às entranhas ou aos seios que carregaram e alimentaram o filho, mas ao acolhimento e à observância da palavra divina que lhe foi transmitida pelo anjo da Anunciação. No fundo, assim como Maria de Betânia, a irmã de Marta, ela também escolheu sentar-se e escutar.

Até então, as mulheres da Bíblia, sobretudo as matriarcas, cumpriam sua vocação colocando filhos no mundo e a esterilidade era uma maldição: uma mulher estéril era uma mulher defeituosa e por isso podia ser repudiada. Jesus liberta as mulheres, no sentido em que vê nelas pessoas, indivíduos, e não funções.

# JESUS, O HOMEM QUE TOCA AS MULHERES E SE DEIXA TOCAR

Tocar uma mulher é uma questão delicada para um homem judeu que observa as prescrições da Lei, na medida em que as mulheres se tornam impuras em certos momentos da vida. De fato, o sangue menstrual – assim como os sangramentos que acompanham um parto – é suspeito de contaminar todos aqueles que entram em contato físico com a mulher durante esse período. Por que essa noção de impureza envolve os sangramentos femininos? Constatamos que em várias civilizações e culturas, na ausência de explicações científicas, esse sangue, que não é de um ferimento não cicatrizado, preocupa. É o caso do judaísmo.

As regras a respeito do puro e do impuro estão no livro do Levítico, do capítulo 11 ao capítulo 15. Pode-se ler ali sobre as mulheres:

> Quando uma mulher tiver um fluxo de sangue e que seja fluxo de sangue do seu corpo, permanecerá durante sete dias na impureza das suas regras. Quem a tocar ficará impuro até a tarde. Toda cama sobre a qual se deitar com seu fluxo ficará impura; todo móvel sobre o qual se assentar ficará impuro (Levítico 15:19-20).

Há outras impurezas que decorrem particularmente do contato com o corpo de um morto, mas também de doenças, sobretudo as doenças de pele reagrupadas sob o termo genérico "lepra". A maioria dessas impurezas não são definitivas e desaparecem ao final de algum tempo definido pela Lei e depois de um ritual de purificação, o banho ou *mikvé*. Mas, enquanto isso, é proibido entrar no recinto do Templo e, por extensão, fica proibido todo ato religioso.

## A mulher que perdia sangue

Essas regras de impureza feminina têm como consequência manter as mulheres à distância da vida pública. E, em todo caso, um homem judeu devoto evita o contato físico com uma mulher que não seja a sua, cujo estado de pureza ou impureza ele desconhece. Esse é o tema de uma pequena cena narrada por três evangelistas, Mateus, Marcos e Lucas (Mateus 9:20-22; Marcos 5:25-34; Lucas 8:43-48). A estrutura da narrativa é a mesma, nos três. Ela está inserida num outro episódio, o da cura da filha de Jairo, o chefe da sinagoga.

É um dia de grande atividade para Jesus, que retorna a Cafarnaum, sua base, se podemos dizer assim, depois de ter passado algum tempo do outro lado do lago da Galileia. Ele tem muita coisa para fazer. Em todos os evangelhos, sentimos que ele está absorvido pela própria reputação. Mateus o mostra curando os doentes que lhe são apresentados, fazendo uma refeição à mesa de pessoas pouco recomendáveis, publicanos, para decepção dos fariseus que evitam ter contato com pecadores. Lucas e Marcos não dão tantos detalhes, mas colocam em cena uma multidão que o cerca e o exorta de todos os lados. Jairo, o chefe da sinagoga, apresenta-se naquele momento: sua filhinha de doze anos está morrendo. Ele roga a Jesus que intervenha o mais rápido possível. Jesus segue o homem através da densa multidão e os discípulos o acompanham. É nesse momento que intervém a mulher que perde sangue. Ela sofre desse mal há doze anos, dizem os evangelhos, e nada consegue curá-la. Marcos acrescenta à doença o fato de que ela gastou tudo o que possuía com vários médicos, mas sem resultado. Precisamos imaginar aqui o que é a vida ou, mais exatamente, a não vida dessa mulher. Ela não pode tocar ninguém sem com isso transmitir sua impureza. Todo objeto que ela toca, seu assento, sua cama, também fica impuro. Enfim, toda vida social lhe está proibida. Se ela tiver um marido, ele não pode tocá-la nem ter relações conjugais com ela. A Lei, aliás, permite repudiá-la por essa razão.

Os comentadores buscam um sentido para os doze anos que são, ao mesmo tempo, a duração da doença e a idade da menina que Jesus vai encontrar. Na norma vigente na época, doze anos é a idade núbil. Enquanto uma menina crescia e se tornava mulher, uma outra estava fechada numa não vida.

Naquele dia, porém, ela decidiu tomar em mãos o que lhe restava da vida. Contrariando todas as proibições, sai de casa e se mistura com a multidão que acolhe Jesus. Ao fazer isso, corre um grande risco, pois qualquer pessoa que ela tocar, mesmo sem querer, se tornará impura. Se for descoberta, a ira daqueles que tiverem sido contaminados recairá sobre ela.

Ela poderia tentar se dirigir a Jesus, explicar a ele seu sofrimento, suplicar-lhe a cura, mas ela escolhe outro caminho. Mesmo que os textos não expliquem o motivo, é fácil imaginar: o medo, a vergonha... De modo que ela está determinada a obter a cura de maneira furtiva. Está certa disso, basta que toque pelo menos a borda do manto de Jesus para ficar curada. É o que ela faz. Insinua-se na multidão, aproxima-se de Jesus, que segue Jairo. Só mais um pequeno esforço e logo poderá tocá-lo. Avança um pouco mais, estende a mão e toca de leve a orla de lã das vestes de Jesus: "... no mesmo instante, o fluxo de sangue parou", nos diz Lucas, e Marcos confirma: "E logo estancou a hemorragia. E ela sentiu no corpo que estava curada da sua enfermidade". Mateus espera que Jesus fale com ela para declarar a cura.

Contrariamente, porém, ao que a mulher pensava, Jesus sentiu que o tocavam. Aliás, os discípulos se surpreendem quando ele exclama: "Quem tocou minhas roupas?" Eles ironizam: "Vês a multidão que te comprime e perguntas: Quem me tocou?" Marcos e Lucas detalham que Jesus teria sentido uma força saindo dele. Nesse momento da narração, podemos pensar que foi a impureza da mulher que contaminou Jesus e que aquilo que ele sentiu era sua pureza se perdendo. De qualquer forma, ele pergunta, procura com os olhos. A mulher que esperava permanecer discreta é descoberta. Será que ela vai confessar sua vergonha e reconhecer que colocou a todos em perigo de impureza? Ela poderia tentar desaparecer na multidão, mas está curada, libertada. Então, embora hesitante e trêmula, ela se aproxima de Jesus e se joga a seus pés. Em algumas palavras ela conta sua longa infelicidade. Jesus vai culpá-la? Não, pelo contrário, ele a reconforta: "Minha filha, tua fé te salvou; vai em paz".

Aqui a cenografia dos evangelhos é extraordinária. Jesus ainda está voltado para essa mulher quando os criados de Jairo abrem caminho na multidão trazendo uma notícia terrível: é tarde demais, a menina morreu. Jesus não precisa mais ser importunado. Entretanto ele irá até a casa e reerguerá a criança: "Menina, eu te digo, levanta-te".

A inserção do episódio da mulher naquele que fala do retorno à vida de uma criança intriga há muito tempo os comentadores. Entretanto é claro que a mulher curada também é salva e libertada e que sua cura é um verdadeiro retorno à vida: ela terá novamente uma vida normal em casa, junto à família e aos vizinhos. Mas, durante séculos de leitura desses textos, a ressurreição da filha de Jairo chamou mais a atenção que a cura da mulher que perdia sangue. No entanto ela tem sua importância. De fato, embora não possamos afirmar que esse texto esteja na origem disso, é preciso notar que o cristianismo nascente esquece as prescrições da lei judaica sobre a impureza feminina. Mesmo que infelizmente ainda encontremos traços disso em certas reticências clericais, particularmente no que diz respeito à presença das mulheres no santuário, perto do altar, o cristianismo, em sua expressão majoritária e central, acabou enterrando totalmente essa questão. Ela jamais aparece em Paulo, que não condiciona de maneira alguma a presença das mulheres nas assembleias a uma situação de pureza.

Voltando ao episódio evangélico, vemos que a questão do puro e do impuro funciona entre Jesus e a mulher ao contrário daquilo que estipula a Lei. Ao invés de tornar Jesus impuro, é a pureza de Jesus que elimina a impureza da mulher. Jesus pode se deixar tocar porque ele torna puro o que era impuro. E vai mais longe. Não apenas ele não se zanga com a mulher que o tocou, mas elogia sua fé e a chama, de maneira singular, de "minha filha". Essa fórmula é um hápax, como a expressão "filha de Abraão", encontrada no episódio da mulher encurvada. Registrada unanimemente por Mateus, Marcos e Lucas, essa maneira paternal de se dirigir à mulher que perdia sangue é bastante surpreendente. Notemos que Jesus não chama ninguém de "filho" ou "filha" em todo o Evangelho. Entretanto assinalamos um uso próximo quando ele se dirige a um paralítico e o faz levantar em Mateus e Marcos: "Filho, teus pecados estão perdoados" (Marcos 2:5; Mateus 9:2). Lembremos que Jesus tem cerca de trinta anos e que a mulher parece bem mais velha que ele. O termo "minha filha" indica uma grande ternura e mostra, como se fosse preciso, que Jesus compreende e aprova seu gesto. Nessa narrativa, tanto no sentido próprio quanto no figurado, Jesus se deixa tocar por essa mulher e, no sentido social do termo, ele lhe devolve a vida. Talvez possamos até dizer que ele lhe dá vida e a faz renascer.

### A unção de Betânia ou a mulher esquecida

A cena em que Jesus se deixa tocar por uma mulher não é um caso único. Já vimos, no Evangelho de Lucas, o episódio da refeição na casa de Simão, o fariseu, no qual Jesus deixa uma mulher de comportamento duvidoso verter um perfume caro sobre seus pés, secá-los com os cabelos e cobri-los de beijos e lágrimas diante dos convidados escandalizados. Lucas situa essa cena na Galileia, mas há uma narrativa similar nos três outros evangelistas, Mateus, Marcos e João, que todos situam em Betânia, sob as muralhas de Jerusalém, nos dias que precedem a Paixão (Mateus 26:6-13; Marcos 14:3-9; João 12:1-8).

Em Marcos e Mateus, a mulher que verte perfume na cabeça de Jesus não tem nome, e a cena se passa na casa de certo Simão, a quem chamam de "o leproso". A homonímia com o fariseu de Lucas talvez possa explicar como, na memória das testemunhas, duas cenas análogas possam ter sido situadas em dois momentos diferentes. João situa o episódio na casa de Lázaro e explica que a mulher em questão é justamente sua irmã Maria. Ali, como no Evangelho de Lucas, é sobre os pés de Jesus que o perfume é vertido e, da mesma maneira, Maria os enxuga com os cabelos.

Nas três narrativas situadas em Betânia, o que provoca escândalo não é a identidade da mulher nem seu comportamento – em nenhum momento ela é apresentada como uma pecadora, contrariamente à mulher da refeição na casa de Simão, o fariseu –, mas a quantidade extravagante de perfume vertido. O frasco de alabastro que a mulher quebra contém, diz o Evangelho, "nardo puro". Trata-se do extrato – geralmente um óleo – das raízes de uma planta da família da valeriana que cresce nos vales do Himalaia. É um produto de extremo luxo. Além da dificuldade para produzi-lo, são longos meses de viagem para trazê-lo até Israel, por caminhos árduos e perigosos. Pelo que dizem os textos, a quantidade derramada valeria trezentos denários, ou seja, quase um ano de trabalho – para comparar, Judas trairá Jesus por trinta denários, dez vezes menos.

Evidentemente, diante de tamanha prodigalidade, os discípulos ficam indignados. Se o perfume fosse vendido, o dinheiro poderia ser dado aos pobres. Muita gente poderia ter sido alimentada por muito tempo, ao passo que, num único gesto, essa mulher fez evaporar uma fortuna cujo único benefício – quem registra isso é João – é o aroma que preenche a casa. Não há dúvida de que tal quantidade de nardo espalhou seu potente aroma bem longe, por toda a redondeza.

Os protestos dos discípulos que querem implicar com a mulher gastadeira, no entanto, não comovem Jesus. Pelo contrário, ele a defende:

> Deixai-a. Por que a aborreceis? Ela praticou uma boa ação para comigo. Na verdade, sempre tereis os pobres convosco e, quando quiserdes, podeis fazer-lhes o bem, mas a mim nem sempre tereis. Ela fez o que podia: antecipou-se a ungir o meu corpo para a sepultura. Em verdade vos digo que, por toda parte onde for proclamado o Evangelho, ao mundo inteiro, também o que ela fez será contado em sua memória (Marcos 14:6–9).

As palavras de Jesus, quase idênticas em Mateus e Marcos, merecem ser analisadas atentamente. A primeira parte, primeiro: "... antecipou-se a ungir meu corpo para a sepultura". Com isso, Jesus diz que o gesto da mulher é profético. Não só ela anuncia a morte de Jesus, mas, antecipadamente, honra seu corpo espalhando o perfume, como é o costume de colocar ervas em volta do cadáver, envolvido na mortalha. O gesto será feito por José de Arimateia, na noite da execução, depois de ter obtido de Pilatos o direito de retirar o corpo do crucificado e inumá-lo para que não fosse jogado na vala comum. Note-se que, no Evangelho de João, José está acompanhado por Nicodemos, enquanto algumas mulheres olham a cena à distância. O texto assinala que a noite está caindo; então, por causa do sábado que começa, elas terão que esperar mais uma manhã antes de poder ir até o túmulo para terminar a preparação funerária – gesto que não poderão concluir, ao descobrir que a pedra que fechava o sepulcro foi afastada e o corpo não está mais lá.

Isto explica por que o ato da mulher de Betânia é particularmente importante: ela antecipa um gesto de respeito que não poderá ser totalmente concluído porque o crucificado terá se reerguido. A morte não o deteve, foi vencida. Essa vitória é a Boa-Nova, em grego *Evangelion*, "esse Evangelho" de que fala Jesus, na segunda parte da frase: "... por toda parte onde for proclamado o Evangelho, ao mundo inteiro, também o que ela fez será contado em sua memória". Isto é, por onde seja proclamada a Ressurreição, o gesto dessa mulher será lembrado. Existe ali uma ordem memorial inequívoca: "em toda parte", "no mundo inteiro".

O que é intrigante é que, quando prosseguimos a leitura dos textos de Mateus e Marcos para chegar à narrativa da Ceia, a última refeição que Jesus compartilha com os discípulos e durante a qual ele reparte o pão e o vinho, procuramos em vão pela ordem referente à memória – "Fazei isto em minha memória" – que estamos habituados a ouvir na liturgia. Descobrimos que só o Evangelho de Lucas a transmitiu (Lucas 22:19). Não há dúvida de que Lucas tomou isso de Paulo, que o acompanhava. Paulo, de fato, é muito claro nas diretrizes que ele lembra aos coríntios:

> ... na noite em que foi entregue, o Senhor Jesus tomou o pão e, depois de dar graças, partiu-o e disse: "Isto é o meu corpo, que é para vós; fazei isso em memória de mim" (1 Coríntios 11:23-25).

Esse texto é o mais antigo que temos sobre a eucaristia. Os especialistas datam-no da metade do século I da nossa era. Ele estabelece a prática que tinham as comunidades de celebrar a "Ceia do Senhor".

Consideremos que dois evangelhos citam a ordem de memória não sobre aquela ceia, mas sobre o gesto da mulher com o frasco de perfume. E, estranhamente, esse gesto foi completamente esquecido. Não apenas parece que nunca guardamos essa memória, nunca e em lugar algum, como também ela mesma foi pura e simplesmente apagada. Para nos convencer, basta procurar na longa produção artística cristã uma imagem dessa cena. Até o final do século XIX, não encontramos, com raríssimas exceções, qualquer representação de uma mulher derramando perfume sobre a cabeça de Jesus. Fazendo uma pesquisa na internet, descobrimos uma pintura de Jean Restout, no século XVII, uma gravura de certo Dirck Barendsz do final do século XVI, conservada no Louvre, e algumas iluminuras medievais. O gesto de unção lembra aquele pelo qual os profetas escolhiam os reis e que permaneceu um signo maior para os cristãos no batismo, na confirmação e principalmente na ordenação dos padres e bispos. Talvez seja por isso que pareceu impensável representar uma mulher fazendo esse gesto tão explicitamente sacramental, ainda mais sobre a pessoa de Jesus.

A coisa fica mais complicada quando examinamos a narrativa do evangelista João. Já dissemos que ali a mulher é identificada: é Maria, a irmã de Marta e Lázaro, "que ele ressuscitara dos mortos", o texto deixa explícito. E não é sobre a cabeça de Jesus que ela derrama o perfume, mas sobre os pés, que ela em seguida enxuga com seus cabelos. Mais uma vez o gesto de intimidade de uma mulher que toca Jesus é surpreendente. Como nas narrativas de Marcos e Mateus, o desperdício provoca escândalo, como nota Judas. E como em Mateus e em Marcos, Jesus dá a mesma resposta: "... sempre tereis pobres convosco, mas a mim nem sempre tereis". E faz também a ligação entre o gesto de Maria de Betânia e sua morte: "... ela conservou esse perfume para o dia da minha sepultura". Por outro lado, não existe a ordem memorial. Entretanto, o gesto de Maria encontra um eco singular na sequência do Evangelho de João. Na noite da última ceia, que reuniu Jesus e os seus, o texto de João não reproduz as palavras quanto ao pão e o vinho, mas narra um lava-pés. E é Jesus que se ajoelha, lava os pés dos discípulos e os enxuga com uma toalha, antes de dar uma ordem clara: "Dei-vos o exemplo para que, como eu vos fiz, também vós o façais" (João 13:15).

É possível que Jesus proponha a seus discípulos um gesto testamental que fora anteriormente realizado sobre ele por uma mulher? Inúmeras vezes ele elogiou a fé das mulheres, admirou-as, e foi até mesmo provocado por algumas, como a cananeia. Mas daí a tomar emprestado de uma mulher o gesto que dá sentido à sua vida e à sua morte... há um passo, um imenso passo mental que os responsáveis pelas Igrejas não deram.

Constatamos aqui que, durante quase vinte séculos, o gesto de Maria de Betânia e o de Jesus nunca foram comparados. Foi preciso esperar até 1996 para que um artista se aventurasse a tal. Prestemos homenagem a ele, que se chama Marko Ivan Rupnik. Jesuíta esloveno e renomado mosaicista, Rupnik nasceu em 1954 e recebeu a incumbência de decorar a capela Redemptoris Mater, no Vaticano. Criou um imenso afresco intitulado *Mural da encarnação do Verbo*, no qual ele dispõe, de um lado e de outro de uma imagem de Jesus Salvador tirando Adão e Eva dos infernos, uma longa mesa. Na extremidade esquerda, ele coloca Maria de Betânia, ajoelhada, lavando os pés de Jesus e, como num espelho, à direita, Jesus lavando os pés de Pedro. Ao lado de Maria, o frasco está quebrado, ao passo que perto de Jesus está colocada uma jarra. O paralelo é surpreendente.

Através desses três textos, os de Marcos e Mateus de um lado, o de João de outro, é evidente que o gesto da mulher de Betânia tem um elevado alcance espiritual e teológico. Ele coloca uma mulher muito próxima da revelação do sentido da morte de Jesus. Quanto aos discípulos homens, eles são mostrados, em numerosas ocasiões, privados da compreensão do que está acontecendo em volta de Jesus. É particularmente com o anúncio da Paixão que encontramos expressões como: "Eles, porém, não compreendiam essa palavra e tinham medo de interrogá-lo" (Marcos 9:32). Poderíamos com isso afirmar que as mulheres, devido à "natureza feminina" – se é que essa expressão significa alguma coisa –, estariam mais aptas a compreender? Certamente isso já é ir longe demais. Em lugar algum nos evangelhos há algo que distinga os homens das mulheres na sua relação com a Boa-Nova ou na sua capacidade de relação com Deus. Por outro lado, se levarmos em conta a posição das mulheres na sociedade judaica contemporânea de Jesus, elas aparecem ali da mesma forma que os "pequeninos", dos quais diz Jesus: "Eu te louvo, ó Pai, Senhor do céu e da terra, porque ocultastes essas coisas aos sábios e entendidos e as revelastes aos pequeninos" (Lucas 10:21).

A revelação em favor dos "pequeninos" permite que a mulher de Betânia ocupe, na véspera da morte de Jesus, o lugar muito especial daquela que sabe antecipadamente... no mínimo o de uma profetiza.

**A Madalena**

Fica claro, no entanto, que essa proximidade feminina com o corpo de Jesus incomodou as primeiras comunidades crentes. Provavelmente é por causa disso que o gesto de Betânia foi esquecido, apesar da ordem memorial explícita de Jesus transmitida pelos evangelistas. Mais ainda, a própria imagem da mulher que o realizou foi transformada e desvalorizada. Essa é também a terrível história da Madalena, na qual várias personagens femininas foram misturadas e recobertas sob o nome geral de Maria Madalena, uma pecadora desesperada, perdoada por Jesus. Essa Madalena que nos é apresentada por uma ampla tradição cristã nada tem a ver com a personagem do evangelho, Maria de Magdala, cujo nome se tornou Maria Madalena. Para diferenciá-las, chamarei de Madalena a da tradição e de Maria de Magdala a dos evangelhos. Maria de Magdala é citada por Lucas entre o grupo das mulheres que seguem Jesus:

> Os doze o acompanhavam, assim como algumas mulheres que haviam sido curadas de espíritos malignos e doenças: Maria, chamada Madalena, da qual haviam saído sete demônios, Joana, mulher de Cuza, o procurador de Herodes, Susana e várias outras, que o serviam com seus bens (Lucas 8:1-3).

Esse evangelho, como todos os outros, coloca Maria de Magdala como primeira testemunha da Ressurreição, primeira interlocutora de Jesus ressuscitado. Nessa ocasião, o texto de Marcos deixa bastante claro: "Ora, tendo ressuscitado na madrugada do primeiro dia da semana, ele apareceu primeiro a Maria de Magdala, de quem havia expulsado sete demônios" (Marcos 16:9).

O fato parece, portanto, solidamente estabelecido: o grupo de mulheres que seguem Jesus desde a Galileia tem uma Maria, provavelmente originária de Magdala, uma vila de pescadores às margens do lago de Galileia. Supõe-se que Jesus tenha estado lá e a curou, mas a cena do encontro e da cura não está em texto algum. Se essa mulher foi liberada de sete demônios, isso significa certamente que ela sofria muito, antes de encontrar Jesus, mas nada permite concluir que se tratava de uma prostituta. As "demoníacas" do evangelho são pessoas que sofrem de males psíquicos; os médicos reconhecem, entre outros, sintomas de epilepsia na descrição de seus comportamentos. Passar, porém, de males psíquicos, mesmo graves, a um comportamento duvidoso ou dissoluto é um passo que nada autoriza a ser dado.

A mulher atormentada, "fora de si", é liberada por Jesus e se recupera. É tudo o que o texto nos permite dizer. Entretanto é essa mulher dos sete demônios que será assimilada à mulher dos perfumes da casa de Simão, o fariseu. Como vimos, o texto não é ambíguo: a tal mulher é realmente uma cortesã, conhecida de todos. Jesus a perdoa e a manda embora com essas palavras: "Tua fé te salvou; vai em paz". É verdade que a lista das mulheres que cercam Jesus e o seguem está situada, no texto de Lucas, logo depois da história da mulher do perfume, mas nada permite fazer a ligação entre Maria de Magdala e ela. Não se fala de demônios na mulher da casa de Simão. E não seria compreensível que Lucas, ao colocar Maria de Magdala na lista, citasse a cura dos demônios, caso se tratasse da mulher do perfume da cena anterior.

O primeiro ato da confusão, entretanto, acontece aqui, entre a mulher do perfume e a de Magdala. O segundo ato faz com que se confundam a mulher de Betânia, cujo nome Marcos e Mateus não citam, e que João identifica como Maria, irmã de Marta e de Lázaro, e a cortesã citada por Lucas.

Já que todas essas mulheres fazem o mesmo gesto, seja sobre os pés, seja sobre a cabeça de Jesus, por que não as juntar? Ainda mais que uma se chama Maria, como a de Magdala. Além disso, Marcos e Mateus situam a cena de Betânia na casa de certo Simão, o leproso. Portanto, ao confundir os Simões e as Marias, consegue-se fabricar a Madalena, uma personagem de mulher sedutora e pecadora que foi, é verdade, perdoada por Jesus, mas lasciva... Assunto resolvido. Todas essas mulheres incômodas que tocam Jesus são unanimemente desqualificadas na operação. A relação do corpo das mulheres, das mãos das mulheres, dos cabelos das mulheres, das bocas das mulheres com o corpo de Jesus é literalmente falsificada pela identificação de todas elas a uma única figura, a Madalena pecadora, que os pintores mostram quase desnuda, seios palpitantes, cabelos soltos, em lágrimas e suplicante. Vários quadros representam essa cena, e é sempre aquela do Evangelho de Lucas, na casa de Simão, o fariseu, que é escolhida, nunca a unção de Betânia. Para os artistas, é certamente a ocasião de mostrar uma feminilidade sensual e pecadora em meio a homens sábios e doutos. A confusão de todas essas mulheres tem origem com o papa Gregório, o Grande, no começo do século VII, e será coroada, de certa forma, no século XIX, no qual, na linguagem artística, uma Madalena designará a representação de uma mulher nua.

A leitura crítica dos textos durante o século XX lentamente fará justiça a essa confusão e a figura de Maria Madalena irá reencontrar sua identidade original, a de primeira testemunha da Ressurreição. Mas se a "honra" de Maria Madalena está salva, nada restaurou, por enquanto, o lugar eminente da mulher de Betânia, que permanece a grande esquecida.

É verdade que a relação com o corpo de Jesus foi sacralizada na eucaristia e tornou-se o privilégio dos homens padres. A única exceção a essa exclusividade é a imagem da Pietà, a mãe dolorosa, que recebe o corpo do filho sacrificado, aos pés da cruz. Essa imagem emocionante inspirou a arte ocidental, a partir do século XIII, mas é preciso considerar que ela é estritamente apócrifa. Nenhum Evangelho atesta a presença da mãe de Jesus no momento da deposição do corpo do supliciado. Os dois únicos personagens mencionados são homens: José de Arimateia figura nos quatro evangelhos; João acrescenta Nicodemos. São eles que recolhem o corpo de Jesus e dão a ele uma sepultura digna enquanto "as mulheres" observam à distância. Mirando-se nesse grupo de "santas mulheres", esses dois judeus devotos e fiéis mereceriam ser chamados de "santos homens". No entanto a tradição cristã também os esqueceu – ou não deu muita atenção a eles. Só temos a lamentar, pois, se a fidelidade deles tivesse sido realçada, o cristianismo teria talvez evitado séculos de antijudaísmo. Resta-nos esperar que as reabilitações da mulher de Betânia e de Maria de Magdala contribuam para extinguir as prevenções eclesiásticas em relação às mulheres.

# A BOA-NOVA ANUNCIADA E CONFIADA ÀS MULHERES

O sol se punha no horizonte e as sombras sinistras dos patíbulos estendiam-se até tocar as muralhas de Jerusalém. Os soldados que estavam de guarda há horas, aos pés das cruzes, cochilavam apoiados nas lanças. Dois dos condenados ainda gemiam, tentando erguer os calcanhares pregados para buscar uma última lufada de ar. Quanto ao terceiro, repousava inerte, a cabeça tombada pesadamente sobre o ombro. Chega então um oficial com uma ordem de Pilatos. O governador ordena que sejam quebradas as pernas dos condenados e abreviada a agonia para que os corpos possam ser levados. Ele não quer desagradar as autoridades judaicas de Jerusalém deixando cadáveres pendurados sob as muralhas da cidade justo no começo do grande sábado da Páscoa.

Os soldados bufaram e começaram a cumprir o terrível ofício. Com grandes golpes, dados com a madeira das lanças, quebraram as tíbias dos condenados, que, não mais podendo se erguer para encher os pulmões, sufocaram em alguns minutos. Quando se aproximaram do terceiro, viram que já estava morto. Mas, para desencargo de consciência, um dos soldados transpassou-lhe o lado com a lâmina da lança.

Faltava recolher os corpos e jogá-los na vala comum.

Não havia mais muita gente para observá-los enquanto concluíam a macabra tarefa. Os inúmeros peregrinos que tinham subido até Jerusalém durante o dia haviam voltado para casa, ido para a casa de amigos que podiam recebê-los ou encontrado um lugar nos albergues da cidade. Outros haviam montado acampamento nas colinas e nos jardins próximos. Restava apenas, à distância, um pequeno grupo de mulheres apertadas umas contra as outras, o véu sobre o rosto, abatidas pela tristeza. Desde o meio da manhã elas estavam ali, imóveis, silenciosas, impotentes. Haviam assistido ao suplício daquele homem que seguiam desde a sua Galileia natal. Com ele, elas haviam esperado que algo iria mudar, que os pobres, os pequeninos e os humildes seriam glorificados, enquanto os poderosos perderiam a soberba. Haviam escutado suas palavras, beberam-nas como se mata a sede depois de uma longa caminhada ao meio-dia. A Boa-Nova para os pobres, o Reino de Deus para os pequeninos: foi isso que elas ouviram. E viram paralíticos tornarem a andar, cegos recobrarem a visão, mudos elogiarem o Todo-Poderoso. Com aquele homem, haviam esperado que viesse o tempo da salvação, o tempo da alegria. E, de repente, tudo se acabava ali, em Jerusalém, na dor, na morte e nas lágrimas.

O que podiam fazer essas pobres mulheres além de compartilhar a mesma tristeza, comungar do mesmo desespero? Ninguém sabia onde estavam os Doze. Eles acompanhavam seu mestre, na noite anterior, quando os guardas os haviam descoberto, no acampamento do Jardim das Oliveiras, mas não haviam sido perseguidos. As ordens diziam respeito somente a Jesus. Eles fugiram e, a partir de então, morriam de medo de também serem abordados.

As mulheres não contavam. As autoridades judaicas ou romanas nem pensariam nelas.

Agora que tudo estava acabado, apesar do terrível alívio de não ver mais Jesus sofrer, uma pergunta ainda as torturava: como evitar que o corpo do mestre fosse jogado na vala, como se faz com o lixo?

De repente começou uma agitação em torno das cruzes, e não eram os soldados. Um homem apoiava uma escada na cruz erguida. Outro homem estendia no chão um enorme lençol cuja brancura refletia os últimos raios do sol que se punha.

"Não é José de Arimateia?", cochichou uma das mulheres. "E o outro? Estou reconhecendo-o, é Nicodemos", murmurou outra.

Elas gostariam de se aproximar, mas não ousaram, com medo dos soldados. Apesar de tudo, o que elas viam as tranquilizava. Como os dois homens teriam obtido a permissão de levar o corpo de Jesus para lhe dar uma sepultura digna? É verdade que ambos eram figuras importantes, homens que costumam falar e ser ouvidos, e José de Arimateia tinha fama de ser rico. Há casos em que o dinheiro torna as coisas mais fáceis. Pilatos era do tipo que aceitava um pagamento em troca de um favor.

Ao ser retirado, o corpo sem vida caiu sobre os ombros de Nicodemos, que ficara embaixo da escada. José ajudou-o a esticar a mortalha e depositaram como puderam as ervas que haviam trazido. Sob o olhar vigilante dos soldados, fecharam o lençol e amarraram o corpo com tiras de pano, como era o costume. Em seguida, um segurou os pés, o outro, a cabeça, ergueram sua carga preciosa e se dirigiram lentamente para um jardim próximo. As mulheres, sempre afastadas, os seguiram. Viram os dois homens entrarem na cavidade de uma rocha. Pouco depois, eles saíram de mãos vazias. Num último esforço, recolocaram a pedra que fecharia a sepultura. Do lado de fora, a obscuridade que caía lançava um véu cinzento sobre aquele dia maldito. As primeiras luzes do sábado acenderam-se, ao mesmo tempo que a lua cheia e brilhante se erguia e derramava um brilho de prata envelhecido sobre as muralhas claras. Era preciso andar depressa: em um instante as portas da cidade seriam fechadas. As mulheres olharam uma última vez para a pedra e o jardim. Elas voltariam para colocar tudo em ordem e cuidar do corpo como lhe era devido. Lavariam as feridas, apagariam os vestígios de sangue, enxugariam o rosto tão amado. Por ora, nada podiam fazer. No dia seguinte, permaneceriam o dia todo no longo silêncio do sábado tendo como única companhia suas lembranças e a tristeza. Mas, ao nascer do outro dia, elas estariam ali (Mateus 27:35-66; Marcos 15:24-47; Lucas 23:33-56; João 19:23-42).

### As mulheres ao pé da cruz

A presença das mulheres ao pé da cruz, atestada por todas as narrativas evangélicas, não é inesperada. De presença silenciosa, elas são como o coro necessário da tragédia humana representada em Jerusalém. Elas são a imagem de todas as mulheres trituradas ao longo dos séculos pela grande roda da infelicidade que esmaga seus filhos e maridos. "Felizes as entranhas que te trouxeram e os seios que te amamentaram" (Lucas 11:27-28), gritara uma mulher para Jesus. Uma bênção que ele refutou. Mas, no caminho do calvário, desequilibrando-se sob o peso da cruz na qual será supliciado, ele diz uma frase terrível:

> Filhas de Jerusalém, não choreis por mim; chorai, antes, por vós mesmas e por vossos filhos! Pois eis que virão dias em que se dirá: Felizes as estéreis, as entranhas que não conceberam e os seios que não amamentaram (Lucas 23:28-29).

Na longa história do mundo, cheia de furor e sangue, de guerras e de crimes, homens matam e torturam outros homens e as mulheres choram esses corpos martirizados, que elas criaram em seu seio e alimentaram com seu leite. Observemos que é a única vez, em todo o corpus evangélico, que Jesus evoca o caráter carnal da maternidade. Salvo essa exceção, ele nunca fala da mulher como aquela que dá vida. Quando ele elogia as mulheres, é mais pela sua coragem, sua perseverança, como no caso da pobre viúva que, de tanto insistir, consegue a atenção de um juiz impiedoso.

As mulheres ao pé da cruz representam bem o papel sociológico e histórico daquelas que sofrem na dor sem poder agir.

Segundo os evangelistas, o grupo dessas mulheres varia: Maria de Magdala é unânime, assim como Maria, mãe de Tiago e José, talvez Joana, a mãe dos filhos de Zebedeu e uma Salomé que talvez sejam uma única e mesma pessoa. Todos dizem que elas são mais numerosas que os nomes citados e que elas o seguiam desde a Galileia. Maria de Betânia não é mencionada, a não ser que seja a "outra Maria" de que fala João; quanto à Maria de Nazaré, só a encontramos no Evangelho de João, não com seu nome, mas como "a mãe de Jesus". O evangelista também nota a presença de uma "irmã da sua mãe". Lucas é o único a precisar que "Todos os seus amigos, bem como as mulheres [...] permaneciam à distância". João também coloca um homem ao pé da cruz, "o discípulo a quem amava". Guardadas as proporções, as mulheres levam vantagem. Elas demonstrariam ter mais coragem do que os homens? Provavelmente, correm menos riscos de serem presas. Afinal, são apenas mulheres... Mas a presença delas, visível ao pé da cruz, lembra que o pequeno grupo de discípulos que acompanhou Jesus da Galileia a Jerusalém, que imaginamos sempre constituído de uma dúzia de homens caminhando com o mestre, era provavelmente mais diversificado, com várias mulheres. Os evangelistas o atestam. Mateus assinala: "Estavam ali muitas mulheres, olhando de longe. Haviam acompanhado Jesus desde a Galileia, a servi-lo". Marcos fala de "muitas outras que subiram com ele para Jerusalém", e Lucas diz que "... mulheres que o haviam acompanhado desde a Galileia permaneciam à distância, observando essas coisas".

Tirando as palavras de Jesus à sua mãe e ao "discípulo que Jesus amava", no Evangelho de João, não há qualquer interação entre as mulheres que estão ao pé da cruz e o supliciado. O que caracteriza essas mulheres é sua presença, nada mais. Elas nada dizem e nada fazem. Nisso elas se conformam ao papel tradicional. As informações que temos sobre as execuções, na época, nos levam a pensar que os soldados não deixavam que ninguém se aproximasse. As obras que mostram mulheres ou Maria e um discípulo ao pé da cruz são imagens devotas, mas não uma reconstituição histórica. Salvo algumas exceções, como a *Crucificação*, de Matthias Grünewald, para o Retábulo de Issenheim, poucos artistas ousaram representar a realidade atroz do suplício. Portanto nenhuma conversa devota, apenas mulheres desesperadas.

Os evangelhos assinalam novamente a presença delas quando o corpo é retirado da cruz e colocado no sepulcro. Ali também elas nada fazem e nada dizem. São os homens que agem. José de Arimateia está sozinho nos três evangelhos sinóticos. O Evangelho de João acrescenta Nicodemos. São eles que realizam os ritos funerários. Claro que eles não têm tempo para a preparação do cadáver e, assim, contentam-se em enrolar o corpo em um lençol com as ervas aromáticas (uma grande quantidade, dizem os textos) e colocá-lo numa tumba cavada na rocha, em um jardim situado não muito longe do lugar da execução. As mulheres observam os gestos dos homens. Elas não podem intervir nem ajudar, não há tempo.

Segundo as indicações dos evangelhos, José de Arimateia obtém o direito de enterrar o corpo já bem no final do dia. A noite vai cair e o sábado vai começar, um dia em que não se pode fazer esforços, muito menos ter contato com o corpo de um morto, que torna impuro. As interdições são ainda mais rigorosas porque aquele sábado é especial, pois coincide com a mais importante festa judaica, a Páscoa. A festa começa na véspera, no final da tarde, quando o sol se põe. José de Arimateia começa então uma corrida contra o tempo na qual as mulheres não podem intervir para cuidar devidamente do cadáver. Por isso, o texto indica que elas olham atentamente e prometem, entre si, voltar quando o sábado terá terminado, ou seja, no domingo bem cedo.

A noite cai. O corpo jaz no túmulo, enquanto a cidade mergulha, por sua vez, no repouso do sábado. Guardar esse dia é um dos mandamentos de Deus: os humanos devem dedicar um dia à prece e ao repouso, depois de seis dias de trabalho, como fez o próprio Deus, depois de ter criado o mundo em seis dias.

Nenhum evangelho diz nada sobre o que acontece entre o momento em que as mulheres observam a pesada pedra fechar o túmulo e a madrugada do domingo. Ninguém sabe onde elas estão durante esse lapso de tempo.

## As mulheres no sepulcro

A narrativa recomeça, portanto, na madrugada daquele dia que a tradição chama de "terceiro" – o primeiro dia é o da condenação e da execução, o segundo é o sábado (Mateus 28; Marcos 16; Lucas 24; João 20). Nos evangelhos sinóticos, são pelo menos duas as mulheres que vão até o túmulo: Maria de Magdala e uma outra Maria, mãe de Tiago. Assim está em Mateus. A essas duas Marcos acrescenta Salomé; Lucas cita Joana e "outras mulheres". O Evangelho de João só menciona Maria de Magdala. Ele também é o único no qual homens irão verificar o que ela diz. Pedro e João correm até o sepulcro, veem, mas não compreendem. Segundo Lucas, os discípulos acham que são histórias de mulheres "... e não lhes deram crédito".

Temos que reconhecer que aquilo que dizem as mulheres é do âmbito do impensável. Elas repetem as palavras que lhes foram confiadas, uma ordem recebida da boca do próprio Ressuscitado, na narrativa de Mateus: "Ide anunciar a meus irmãos que se dirijam para a Galileia; lá me verão", e dada pelos anjos em Marcos e Lucas:

> Ressuscitou, não está aqui. Vede o lugar onde o puseram. Mas ide dizer aos seus discípulos e a Pedro que ele vos precede na Galileia. Lá o vereis, como vos tinha dito (Marcos 16:7).

Enviadas para essa missão, recebida diante do sepulcro, elas se tornam, no sentido etimológico da palavra, *apóstolos*,[1] não por sua própria iniciativa, mas pela dos anjos (mensageiros de Deus) ou do próprio Jesus.

O fato é, portanto, indiscutível e surpreendente, qualquer que seja a tradição evangélica: são as mulheres, e apenas elas, que recebem o anúncio da Ressurreição. Elas quiseram ir até o túmulo para honrar um corpo e se viram destinatárias de uma notícia tão incrível que, de fato, os discípulos não acreditam nelas.

Como compreender essa singularidade da mensagem evangélica? Devemos fazer uma leitura de gênero e concluir que as mulheres que carregam a vida e a colocam no mundo são "naturalmente" as emissárias da notícia da Vida, aquela que venceu a morte, e que são elas que devem anunciá-la ao mundo? É uma possibilidade. Existirá, porém, outra razão? Uma ligação particular, específica, uma confiança recíproca, ousemos dizer a palavra, um *amor* entre essas mulheres e Jesus? Elas não são mulheres quaisquer. Seguem Jesus desde a Galileia, escutaram-no e serviram-no, dizem os textos. E, como sabemos, na hierarquia segundo Jesus, o lugar mais eminente é o do servidor, aquele que ele mesmo escolheu para si, ao lavar os pés de seus discípulos. Elas foram fiéis,

---

1. Em grego, aquele que é mandado em missão. [N. T.]

suportando até mesmo permanecer perto da cruz do suplício, imóveis e impotentes, mas presentes. Lembremos da mãe dos filhos de Zebedeu, que pedia o melhor para os filhos. Eles haviam prometido que seguiriam Jesus até o fim, mas quem cumpriu a promessa e que estava ao pé da cruz foi ela, enquanto os filhos não estavam lá.

As mulheres que ouvem o anúncio da Ressurreição, as primeiras a ver o Ressuscitado, são as que estavam perto do lugar da execução. É realmente aquele que viram sofrer e morrer que elas reencontram vivo e vitorioso sobre a morte. De certa forma, elas recebem a recompensa da sua fidelidade. Foram fiéis em pequenas coisas – simplesmente ficando lá – e recebem algo imenso, levar a notícia da Ressurreição. "Muito bem, servo bom e fiel! Sobre o pouco foste fiel. Sobre o muito te colocarei. Vem alegrar-te com o teu senhor" (Mateus 25:21). Essa foi a frase que Jesus, em uma parábola, atribui ao mestre do servidor que fez multiplicar os *talentos*, uma soma de dinheiro que lhe fora confiada. Do mesmo modo, as mulheres que o serviam desde a Galileia, boas e fiéis, são agraciadas com a alegria da incrível notícia: Jesus venceu a morte, ela não o reteve no túmulo, ele está vivo.

Como não ver aqui a preferência de Jesus pelas mulheres? Ele as amou, elas resistiram à prova, enquanto os homens, não custa lembrar, traíram, renegaram, fugiram... Elas recebem centuplicado aquilo que deram: um amor sem limites e sem fim.

O mais surpreendente nisso tudo é que as mulheres, do ponto de vista da eficácia, são as piores testemunhas que se possa imaginar. De acordo com a lei judaica, seu testemunho não é aceitável. Fazer delas as primeiras testemunhas da Ressurreição é, portanto, uma espécie de aberração. Aliás, é porque essa escolha não obedece às regras da época que os exegetas a consideram como autêntica. Se os autores dos evangelhos tivessem podido contornar ou silenciar o fato de que Jesus ressuscitado se mostrou primeiro às mulheres, e que foi a elas que ele confiou a missão de anunciar essa notícia aos discípulos, eles o teriam feito, sem hesitar, para dar credibilidade a suas palavras. Há uma citação, no Evangelho de Lucas, que diz que para os discípulos: "essas palavras, porém, lhes pareceram desvario, e não lhes deram crédito".

A presença exclusiva das mulheres, o papel principal, inicial, que elas têm na descoberta da Ressurreição e no anúncio da notícia é uma evidência da qual, deve-se dizer, não foi tirada qualquer consequência na organização posterior das Igrejas. Observamos, entretanto, uma espécie de parênteses nas primeiras comunidades que proclamaram a Ressurreição de Jesus. Parece que as mulheres eram tratadas ali em um estrito pé de igualdade com os homens, e isso contrariamente aos usos e regras daquele tempo. Mas Paulo, por exemplo, rapidamente manda de volta as mulheres ao papel tradicional, o do silêncio. Só podemos ficar consternados ao ler sua primeira carta dirigida à comunidade dos Coríntios: "Estejam caladas as mulheres nas assembleias, pois não lhes é permitido tomar a palavra" (1 Coríntios 14:34).

Felizmente, no dia da Ressurreição, elas não se calaram; felizmente elas informaram os discípulos! Aliás, Paulo sabe muito bem que alguma coisa mudou, quando escreve na carta aos Gálatas:

> ... pois todos vós, que fostes batizados em Cristo, vos vestistes de Cristo. Não há judeu nem grego, não há escravo nem livre, não há homem nem mulher, pois todos vós sois um só em Cristo Jesus (Gálatas 3:27-28).

Ele diz que, "no Cristo", as diferenças que até ali eram absolutas e determinavam uma hierarquia entre judeus e descrentes, homens livres e escravos, homens e mulheres estão abolidas. Entretanto, devemos constatar que os usos não foram modificados. Os cristãos não transformaram as sociedades, nem mesmo quando se tornaram maioria. Eles misturaram suas regras e práticas com as de seu tempo... e as mulheres retornaram ao silêncio. Sem conservar nenhum privilégio da extraordinária preferência que Jesus lhes havia demonstrado.

# AS MULHERES PREFERIDAS E ESQUECIDAS

Entre todas as mulheres que estavam presentes junto ao sepulcro, naquela manhã do terceiro dia, uma delas tem um lugar à parte, Maria Madalena. Primeiramente, ela é a única que os quatro evangelhos citam unanimemente. Mateus adiciona uma outra Maria, Marcos acrescenta Salomé, e Lucas, Joana.

O Evangelho de Marcos tem dois finais. O primeiro, original, termina com a fuga precipitada das mulheres, assustadas com o encontro do anjo que lhes anunciou a Ressurreição de Jesus. A esse final abrupto foram acrescentados, um pouco mais tarde, alguns versículos que contam a aparição do próprio Ressuscitado a Maria Madalena (Marcos 16:9-20). Os especialistas consideram, em geral, que esse acréscimo vem de uma fonte distinta da primeira versão. De qualquer maneira, parece que todas as fontes são convergentes e unânimes: sozinha ou acompanhada, Maria Madalena é a testemunha privilegiada da Ressurreição. Com ela, passamos do plural "as mulheres", grupo um pouco indistinto no qual as identidades se misturam, ao nome singular e identificado de Maria de Magdala, de quem Jesus havia expulsado sete demônios. Esse singular torna-se uma particularidade na narrativa do Evangelho de João. Dessa vez, Maria está mesmo sozinha; as outras mulheres não estão na cena, e é a mulher de Magdala que o texto segue e observa.

## Maria Madalena, a preferida

A narrativa de João se desenrola em vários tempos (João 20). Primeiro, de madrugada, Maria vai sozinha até o túmulo. Ela constata que a pedra foi retirada. Embora o texto não diga explicitamente, supomos que ela olhou o interior, já que ela corre ao encontro dos discípulos Pedro e aquele que este evangelho cita como "o outro discípulo, que Jesus amava", em quem a tradição reconhece João. Ela anuncia que o corpo desapareceu e que não sabe onde está. Os dois homens, por sua vez, também saem correndo. João, por ser talvez o mais jovem e o mais rápido, chega primeiro, nos diz o texto. Tal como fez Maria antes dele, inclina-se para o interior do túmulo e vê as faixas de linho no chão, as mesmas que foram enroladas em volta do corpo. Entretanto, ele não entra, e espera por Pedro. Este entra no sepulcro e constata que, de fato, o corpo não está lá, apenas os panos que serviram para o enterro; as faixas de linho que foram enroladas em volta da mortalha estão no chão, enquanto o sudário – a peça de tecido que cobria a cabeça – está, ao que parece, cuidadosamente dobrada sobre a pedra onde estava o cadáver. Essas informações têm o objetivo de indicar que não são os restos mortais, tais como foram depositados pelos "santos homens", José e Nicodemos, que foram levados, mas o corpo, livre dos atributos da morte, mortalha e outros panos. Pedro fica na expectativa. João, por sua vez, entra e vê como tudo está. O texto tem uma fórmula singular: "e viu e creu", sem explicar o que significa a expressão nem de que crença se trata. Para nos confundir ainda mais, o evangelista acrescenta: "Pois ainda não tinham compreendido que, conforme a Escritura, ele devia ressuscitar dos mortos". A construção dá a entender, numa estranha elipse, que João teria compreendido a Ressurreição diante do túmulo vazio. Se foi esse o caso, ele não diz nada a Pedro. Aliás, a narrativa indica que imediatamente os dois homens "voltaram para casa". Nenhum diálogo foi registrado. O mistério do desaparecimento do corpo, portanto, permanece, e a Ressurreição ainda não é anunciada.

Uma pessoa, no entanto, não se conforma com esse desaparecimento inexplicado. Maria Madalena segue os dois homens, volta ao jardim e permanece diante do sepulcro desesperadamente vazio. Ela "está chorando", diz o texto. Não só o mestre morreu, mas o corpo desapareceu. Tudo lhe foi tomado. Não lhe resta mais nada, nem mesmo um corpo para homenagear, nem um lugar de lembrança, de recolhimento. Triste, ela se inclina para o interior do sepulcro, como se para verificar mais uma vez aquilo que ela sente como uma infelicidade acrescida à infelicidade. Dessa vez, porém, o sepulcro não está vazio – a menos que seu olhar seja capaz de ver aquilo que os discípulos não viram: a capacidade de ver anjos não é dada a todos, apenas àqueles abertos ao mundo divino ao qual eles pertencem.

De acordo com o texto, exatamente dois anjos estão sentados na pedra onde o corpo fora colocado, um à cabeceira, o outro aos pés. A narrativa propõe uma espécie de Anunciação: se os anjos estão ali, certamente é porque eles têm alguma coisa importante para anunciar, pois os anjos são, primeiramente, mensageiros divinos. O evangelista acrescenta ao texto uma espécie de pista: de fato, os dois anjos, sentados dessa maneira, estão exatamente na mesma posição dos querubins que coroavam a Arca da Aliança, o cofre no qual estavam trancadas as tábuas da Lei, as pedras nas quais Moisés gravara os mandamentos recebidos da boca do próprio Deus. Maria, porém, não está interessada no símbolo da Nova Aliança que está sob seus olhos, muito menos nos anjos. O que ela quer é o corpo do seu Senhor. Quando então os anjos lhe perguntam o motivo de sua tristeza: "Mulher, por que choras?", ela retoma o mesmo lamento que já dirigiu a Pedro: "Porque levaram meu Senhor e não sei onde o puseram". A presença desses anjos de flamejante brancura não lhe traz qualquer consolo. E, como só eles estão naquele túmulo, ela desvia o olhar e volta para o jardim.

Ali há alguém que também a interroga sobre suas lágrimas incessantes: "Mulher, por que choras? A quem procuras?" Aqui, o texto utiliza um procedimento particular: ele diz ao leitor que é Jesus quem se dirige à Maria de Magdala, embora ela ainda não o tenha reconhecido. Assim, o leitor se torna testemunha da surpresa de Maria. Por enquanto ela não sabe quem a interroga, pois está mergulhada nas lágrimas e obstinada em reencontrar o corpo. O corpo é seu único pensamento. Ela responde então ao homem que pergunta e que ela pensa ser o jardineiro: "Senhor, se foste tu que o levaste, dize-me onde o puseste e eu o irei buscar".

O leitor está apenas esperando uma coisa, o momento no qual a verdade será revelada. Jesus diz: "Sou eu", como José, no Egito, havia se revelado a seus irmãos que o tomaram pelo primeiro-ministro do Faraó: "Eu sou José, vosso irmão..." (Gênesis 45:4). Mas Jesus não faz nada de tão teatral. Ele se contenta em dizer "Maria!", simplesmente seu nome. Não o nome dele, mas o nome pelo qual ele a chamava ao longo do caminho compartilhado, desde que a livrara dos demônios e que ela passara a segui-lo. Esse simples "Maria" toca profundamente o ser daquela que o ouve, "perturbando-a" completamente. É todo o seu ser que responde: *Rabbuni!*, diminutivo de *rabbi*, que quer dizer "mestre". Essa palavra, ao mesmo tempo respeitosa e profundamente afetuosa, trai a intensidade dos sentimentos de Maria por Jesus.

A sequência do diálogo será abundantemente imortalizada pela pintura ocidental sob o nome de *Noli me tangere*, três palavras latinas geralmente traduzidas por "Não me toques". No texto grego original as três palavras são: *Mē mou haptou*, cujo significado fará correr muita tinta.

Jesus recusa o contato com uma mulher? No começo do cristianismo, um número de Santos Padres, cuja misoginia é manifesta, faz essa leitura discriminatória em relação às mulheres. Essa interpretação é estranha, na medida em que várias mulheres tocaram Jesus sem que ele manifestasse a menor reticência. Da mulher do perfume à mulher que perdia sangue, a ideia de que Jesus pudesse recusar o contato físico porque Maria é uma mulher não pode se justificar.

Podemos fazer uma outra leitura: o corpo de Jesus ressuscitado sendo um corpo "glorioso", que não é mais físico, não pode mais ser tocado nem detido. De alguma maneira, Jesus estaria, portanto, prevenindo Maria, advertindo-a para a impossibilidade de que ela, que ainda está "na terra", toque um corpo que já pertence "ao céu". É uma leitura possível, se guardarmos a tradução "não me toques". Entretanto, algumas versões mais contemporâneas dos evangelhos escolheram outra tradução. De fato, o tempo do verbo grego indica uma ação contínua, interrompida pela negação. O "não me toques" se tornaria literalmente "cessa de me tocar/deter", que os tradutores escolheram como "não me detenhas". Nesse caso, em vez de rejeitar Maria, Jesus pede a ela que o deixe ir. Ousemos um pouco mais: Jesus se exprime como se ele tivesse que se desprender dessa relação, da ternura que aflora entre eles e que ouvimos na troca das simples apóstrofes "Maria!" / *Rabbuni!* A partir daí, o *mē mou haptou* deixa de ser uma ordem, uma recusa, para se tornar uma súplica: "não me detenhas" ou "deixa-me ir embora"... Claro que essa leitura não foi escolhida pela tradição antiga. Que Santo Padre ousaria pensar que uma mulher pudesse reter Jesus e que se separar dela pudesse ser um sofrimento?

Depois do "não me toques/detenhas", Jesus acrescenta uma razão: "pois ainda não subi ao Pai". E é então que ele confia sua missão à Maria: "Vai, porém, a meus irmãos e dize-lhes: Subo a meu Pai e vosso Pai; a meu Deus e vosso Deus". E a narrativa se conclui assim: "Maria Madalena foi anunciar aos discípulos: 'Vi o Senhor, e as coisas que ele disse' ". Maria cumpre, portanto, sua missão. Secando as lágrimas e novamente feliz, ela pode anunciar a boa, a incrível notícia.

Esse texto é suntuoso, construído com uma espantosa segurança e uma grande força de evocação numa extrema economia de palavras. A potência da ligação de Jesus com Maria Madalena irrompe em cada uma delas.

Não é por acaso que a literatura e o cinema apropriaram-se dessa personagem feminina e imaginaram, além da indiscutível ligação, uma relação, um caso amoroso.

Se olharmos apenas as poucas linhas dedicadas à Maria de Magdala, podemos certamente zombar da hipótese dessa relação entre

Jesus e Maria. Com razão, o texto de João não se perde em uma historinha água com açúcar. Sua narrativa não se situa nesse nível. Aliás, ele dá aos leitores pequenos sinais para recolocá-los no bom caminho. O fato de que Maria pensa primeiramente que Jesus é o jardineiro nos remete explicitamente ao jardim original da Criação. Aquilo que se passa entre Maria e Jesus é uma recriação. Jesus é o Novo Homem, Paulo dirá, o "novo Adão" (1 Coríntios 15:45), aquele que escapa da maldição da morte. A mulher, cúmplice do homem na desobediência, segundo o Gênesis, torna-se agora aquela que recebe a Boa-Nova e a anuncia. A salvação se encarna nessa mulher que se torna emissária da palavra da Vida: "Vai a meus irmãos", diz Jesus. É a primeira vez que os discípulos são designados como "irmãos", e Jesus se explica, dizendo: "Subo a meu pai e vosso Pai; a meu Deus e vosso Deus". Sua adoção fraterna faz deles filhos do Pai. O que Jesus confia a Maria é, assim, o próprio coração do cristianismo: o anúncio da sua ressurreição e a abertura da fraternidade universal.

Sem dúvida, segundo o Evangelho de João, Jesus fez de Maria de Magdala a primeira apóstola da Ressurreição – a "apóstola dos apóstolos", segundo a fórmula de Hipólito de Roma.[1] Mas, apesar da bela homenagem, Maria Madalena sofrerá um longo esquecimento, ainda maior que o das outras mulheres da Paixão. Ela é a terceira personagem feminina que, com Maria de Betânia, será assimilada à mulher do perfume da casa de Simão. As lágrimas que ela derrama diante do sepulcro vazio serão confundidas com as da pecadora arrependida. Entretanto, Maria chora não pelos seus erros, mas pela perda daquele que ela chama de "Senhor". São lágrimas de amor e não lágrimas amargas como aquelas de Pedro, depois de ter renegado Jesus, na noite da sua prisão (Lucas 22:62; João 18:27). Enquanto Pedro chorava por ele mesmo, Maria chora por Jesus.

---

1. Teólogo da Igreja em Roma, no século III. [N. T.]

## Mulheres desaparecidas, apagadas, esquecidas

Aqui também, como na narrativa da unção de Betânia, ficamos surpresos diante da elipse sofrida pelas personagens femininas. Mas como ocultar ou negar seu lugar preponderante nesse momento crítico, decisivo, do evangelho que são a Ressurreição e a escolha explícita de Jesus? É o que faz a tradição cristã há dois mil anos.

Não há qualquer alusão a isso em Paulo, que parece reconhecer como primeira testemunha apenas aquele que ele chama de Cefas (que quer dizer Pedro):

> Transmiti-vos [que] Cristo morreu por nossos pecados, segundo as Escrituras. Foi sepultado, ressuscitou ao terceiro dia, segundo as Escrituras. Apareceu a Cefas e depois aos Doze. Em seguida apareceu a mais de quinhentos irmãos de uma vez... (1 Coríntios 15:3-6).

Também não há qualquer vestígio do testemunho das mulheres nos Atos dos Apóstolos. Uma única vez, por ocasião da narrativa de Pentecostes, diz-se que os Onze, que são novamente Doze com a designação de Matias, estão acompanhados de "algumas mulheres". Apenas uma é identificada, Maria, mãe de Jesus, que parece estar ali com a família. Depois dessa única citação, nem mesmo ela reaparecerá. O único vestígio que permanece do lugar concedido às mulheres por Jesus, durante a sua vida, é a citação constante da presença dos dois sexos nas primeiras comunidades: "Mais e mais aderiam ao Senhor, pela fé, multidões de homens e mulheres..." (Atos 5:14). É muito claro que eles e elas rezam, celebram e participam da "Ceia do Senhor" juntos, sem separação entre uns e outros. Também é o que acontece em relação ao batismo: "Quando, porém, acreditaram em Felipe, que lhes anunciara a Boa-Nova do Reino de Deus e do nome de Jesus Cristo, homens e mulheres faziam-se batizar" (Atos 8:12). Essa igualdade entre membros masculinos e femininos que recebem o mesmo sinal de entrada na comunidade crente, o batismo, é uma singularidade cristã. Em todas as outras religiões, o gesto que inicia a entrada no grupo é diferente para homens e mulheres. Nisso, o modo de Jesus se comportar com as mulheres, considerando-as como pessoas de mesmo valor, "filhas de Abraão", é honrável. Por outro lado, o papel muito particular que ele lhes deu em relação à memória da sua morte, com o gesto da unção de Betânia e o anúncio da ressurreição, fazendo delas as primeiras testemunhas, não deixou qualquer legado. É mais que provável, no entanto, que esse papel tenha um fundamento histórico, em virtude daquilo que os exegetas chamam de "critério do embaraço": quando um fato está em contradição, seja com os costumes do tempo, seja com o próprio interesse do projeto do anúncio da Boa-Nova, podemos considerar que, se ele foi citado, é porque era tão conhecido e atestado que não foi possível ocultá-lo. Um dos exemplos mais evidentes é o batismo de Jesus por João, no rio Jordão. As primeiras comunidades crentes que evocam Jesus enfrentam uma espécie de concorrência da parte das comunidades batistas que têm origem no gesto de João, dito o Batista, às margens do Jordão. Se as narrativas do batismo de Jesus foram conservadas, isso se dá provavelmente porque o fato era tão conhecido que não poderia ser escondido. O testemunho das mulheres quanto à Ressurreição suscita o mesmo embaraço. As mulheres, tanto na sociedade judaica quanto na romana, são consideradas testemunhas de segunda categoria, muito pouco fiáveis. Se as quatro narrativas evangélicas, das quais certos especialistas estabelecem que algumas se apoiam em fontes distintas, mantiveram unanimemente esse primeiro testemunho das mulheres, temos toda a razão de pensar que realmente foram elas que fizeram o primeiro anúncio da Ressurreição, e foram elas as primeiras a ter a experiência do encontro com aquele que viram morto e agora reconhecem como o Vivo.[2]

---

2. Note-se que, apesar de o critério do embaraço estabelecer, com uma forte probabilidade, que as mulheres foram as primeiras a testemunhar o encontro com Jesus ressuscitado, ele não estabelece a realidade do que elas vivenciaram, experiência que pertence à ordem da fé.

Quanto ao processo de esquecimento das mulheres, não podemos deixar de notar o quanto é estarrecedor observar o método pelo qual ele ocorreu, que se funda sobretudo na desqualificação de Maria de Magdala. Essa operação foi oficializada pelo papa Gregório, o Grande, no século vi, autor de uma admirável homilia que começa assim: "Maria Madalena tinha sido uma pecadora na cidade. Ao amar, porém, a Verdade, ela lavou com suas lágrimas a mácula de seus erros. Assim se realiza a palavra da Verdade: 'Os numerosos pecados lhe são perdoados, porque ela amou muito'". Se o papa insiste na figura da pecadora perdoada, é para melhor colocar em evidência a redenção e a potência da salvação que agirá por meio dela, já que ele não hesita em transformá-la numa nova Eva, porém salvadora: "Eis que o pecado do gênero humano é destruído na própria fonte de onde saiu. Visto que, no paraíso, foi uma mulher que deu ao homem [o veneno da] morte, também é uma mulher que, vinda do sepulcro, anuncia a vida aos homens." Mesmo que a intenção de Gregório, o Grande, seja louvável, o mal está feito. Maria Madalena não se reerguerá, e continuará sendo a pecadora perdoada.

A figura de Maria, a mãe de Jesus, mulher mãe e virgem, isto é, sem "perigo", do ponto de vista sexual, substitui Maria Madalena. A partir do século xii, depois de Bernardo de Claraval, a devoção mariana se amplifica no Ocidente. É Maria, a Virgem, que recebe o título de "nova Eva", e a figura da Pietà se impõe, a partir do século xiii; a mãe desesperada substitui, na representação cristã, a imagem feminina e amorosa de Maria Madalena. A dimensão do apostolado feminino é totalmente ignorada, como mostra ainda hoje a liturgia católica.

É assim que, todos os anos, na manhã da Páscoa, os cristãos releem o Evangelho de João, no qual Pedro e João correm até o sepulcro. Estranhamente, o trecho usado pela liturgia vai até a surpresa dos dois discípulos: "Pois ainda não tinham compreendido que, conforme a Escritura, ele devia ressuscitar dos mortos" (João 20:9). Maria Madalena está presente no início do texto, quando ela descobre o túmulo vazio e vai avisar Pedro, mas a narrativa do encontro com Jesus e a ordem de dar a notícia aos discípulos não são lidas na manhã da grande festa da Ressurreição. Essa parte do texto só é ouvida na missa semanal da terça-feira, depois da Páscoa, quando, é claro, já não há muita gente nas igrejas. A liturgia parece sempre considerar que esse encontro entre Jesus e Maria de Magdala é uma espécie de detalhe, um floreio acrescentado ao texto principal, como se o que realmente importasse fosse a corrida dos dois discípulos, e não a confiança que Jesus depositou nessa mulher.

O "caso Maria Madalena" talvez seja a ilustração mais evidente do implacável movimento de esquecimento das mulheres, que começou muito cedo na história das primeiras comunidades crentes e que dura até hoje.

Devemos imputá-lo ao modelo cultural, patriarcal e masculinista que dominava na cultura clássica? Certamente. Mas ainda ficamos impressionados ao ver a potência liberadora externada por Jesus quebrar-se nesse muro de incompreensão e negação. O que mais incomoda é constatar que ainda hoje esse muro resiste, apesar de tudo. Aquelas que leem agora os evangelhos veem Jesus agir, falar, amar, tocar, liberar as mulheres. É legítimo que se perguntem: quanto tempo ainda falta para que as instituições que detêm esses textos tirem as conclusões que se impõem e façam, finalmente, justiça às mulheres, como fez o próprio Jesus?

# CONCLUSÃO

Ao final desta leitura dos evangelhos, parece evidente que o lugar das mulheres e seu papel em torno de Jesus foram minimizados ou apagados pela tradição. Entretanto, a ruptura que Jesus introduziu é inequívoca. Claramente, ele não trata as mulheres como era usual na cultura do seu tempo, mas o mais surpreendente é que provavelmente ele não as trata à parte: ele lhes *dá lugar*, e não apenas um lugar.

## Discípulas como os outros

Esta é uma das surpresas desta leitura: Jesus demonstra uma singular modernidade. No fundo, para ele, as mulheres são, primeiramente, seres humanos como os outros, com quem se pode debater e que, naturalmente, têm lugar entre seus seguidores, assim como os outros discípulos.

Essa é uma primeira modificação a ser feita em relação à leitura tradicional à qual estamos habituados. Os discípulos de Jesus, o pequeno grupo de pessoas que o seguem da Galileia à Judeia e até Jerusalém, é composto de homens e mulheres. Todos os evangelistas concordam nesse ponto. É verdade que não há uma cena em que se chame explitamente uma mulher de discípula, tal como é feito com Pedro e André, Tiago e João, Matias. Mas os evangelhos estão longe de ter dado conta de todos os encontros, durante os quais homens (e também mulheres) decidem seguir Jesus. Após a Ascensão, por exemplo, quando é preciso substituir Judas, depois da sua traição e morte, para reconstituir o grupo dos Doze, Pedro enumera as condições necessárias:

> É necessário, pois, que, dentre esses homens que nos acompanharam todo o tempo em que o Senhor Jesus viveu em nosso meio, a começar do batismo de João até o dia em que dentre nós foi arrebatado, um destes se torne conosco testemunha da sua ressurreição. Apresentaram-se então dois: José, chamado Barsabás e cognominado Justo, e Matias (Atos 1:21-23).

É a primeira vez que ouvimos falar deles; seus nomes não tinham sido mencionados antes em lugar algum e, no entanto, está bem especificado que eles acompanharam Jesus desde o início até depois da Ressurreição.

Lucas também, no respectivo evangelho, dá alguns nomes de mulheres que seguiam Jesus:

> Depois disso, ele andava por cidades e povoados, pregando e anunciando a Boa-Nova do Reino de Deus. Os doze o acompanhavam, assim como algumas mulheres que haviam sido curadas de espíritos malignos e doenças: Maria, chamada Madalena, da qual haviam saído sete demônios, Joana, mulher de Cuza, o procurador de Herodes, Susana e várias outras, que o serviam com seus bens (Lucas 8:1-3).

Os evangelistas especificam que as mulheres presentes ao pé da cruz e diante do sepulcro seguem Jesus desde a Galileia, e encontramos as mesmas citadas por Lucas. Existem, portanto, mulheres que preenchem os critérios de escolha enunciados por Pedro.[1]

O fato de que nenhuma mulher é chamada de discípula não é um argumento suficiente. E achar que as mulheres que seguiam Jesus não eram discípulas consiste em cegueira ou má-fé... ou os dois. Também vimos na cena das duas irmãs, Marta e Maria, que quando Maria se senta na posição de discípula, aos pés do mestre, Jesus a defende da irmã que quer que ela a ajude nas tarefas domésticas. Precisamos, portanto, imaginar Jesus nos caminhos da Galileia e

---

1. Sobre o fato de que nenhuma mulher é escolhida entre os Doze, ver o anexo: "Mulheres sacerdotisas? O que diz a Igreja Católica".

da Judeia, cercado de homens e de mulheres, e considerar, consequentemente, que, quando ele se dirige aos discípulos, ele se dirige aos dois sexos.

Para ir até o fim dessa mudança de olhar, podemos nos permitir aqui uma liberdade de interpretação. No famoso episódio dos "peregrinos de Emaús", narrado no Evangelho de Lucas, dois discípulos estão em cena, deixando Jerusalém com o coração em luto, depois da morte de Jesus (Lucas 24:13-35). Eles estão caminhando, ao final do dia, quando um viajante se aproxima e pergunta por que estão tristes. Eles ficam surpresos que alguém vindo de Jerusalém como eles não saiba o que acabou de acontecer ali: a condenação e a execução daquele Jesus, o esperado salvador de Israel, o Messias. Ao se aproximarem do povoado de Emaús, os dois discípulos insistem para que o viajante fique com eles e o convidam para sua mesa. Lá, no momento da bênção e da partilha do pão, eles o reconhecem: é com Jesus ressuscitado que eles acabam de caminhar! Sem hesitar um só instante, eles voltam para Jerusalém a fim de comunicar aos discípulos que ficaram na cidade a experiência que acabaram de ter. Pois bem, o texto nos dá o nome de um dos caminhantes. Trata-se de certo Cléofas – o nome do companheiro não é citado. No Evangelho de João, encontramos, ao pé da cruz, uma "Maria, mulher de Clopas" (João 19:25). Clopas e Cléofas seriam duas grafias designando a mesma pessoa? O que é certo é que nenhum desses dois nomes é conhecido fora desses dois textos. Podemos, então, nos perguntar: e se os dois discípulos de Emaús fossem simplesmente Cléofas e sua mulher? Nada no texto permite afirmá-lo, mas também nada permite desmenti-lo...

## Um lugar, mas não um "papel feminino"

Na atitude de Jesus com as outras mulheres – aquelas com quem ele apenas cruza – há uma nova surpresa. Ele está certamente atento à situação delas, sobretudo das viúvas, particularmente precária, mas em momento algum ele parece constrangido. A questão da pureza, tão importante no mundo religioso que é o dele, lhe é indiferente.

Ele se deixa tocar fisicamente sem a menor reticência. Mas a maior surpresa vem do fato de que ele não as define em relação a um papel estipulado de esposa ou mãe. Por mais incrível que isso possa parecer, não encontramos a menor palavra de Jesus atribuindo às mulheres um "papel feminino". Aí está a modernidade: para Jesus, as mulheres são "homens" como os outros.

O fato é ainda mais surpreendente porque, como vimos, a tradição cristã, compreendendo todas as igrejas, atribuiu até recentemente às mulheres papéis que seriam os da sua "natureza". Em Jesus, isso não existe. Procuraremos em vão um elogio qualquer à maternidade, tampouco há algo sobre o papel da esposa: não há nada que lhes imponha uma devoção e uma ternura que não sejam simplesmente as do ser humano. E quando as mulheres são condenadas pelo olhar dos homens – seja a mulher do perfume da casa de Simão, a samaritana ou a mulher adúltera –, Jesus toma o partido delas sem titubear. Essa ausência de visão de um "eterno feminino" é tão singular que o personagem mais maternal de todos os evangelhos é... um homem. É o pai da parábola do filho pródigo, que deveria ser chamada "do pai pródigo" (Lucas 15:11-32). Pródigo em amor, em perdão: não é ele quem tem um coração de mãe, quando aguarda o retorno do filho, quando corre ao encontro dele e restabelece todos os seus direitos, ou seja, o amor sem limites e incondicional do pai? Notemos que essa passagem do ensinamento de Jesus é qualificada como "parábola da misericórdia", palavra que em hebraico se diz *rachamim* e significa "entranhas", no sentido de "útero" ou "matriz". O pai (ou Pai) misericordioso é aquele que deixa falar seu "útero".

### Não há sombra de um masculinismo nos textos

O último ponto que surpreende é que, mesmo que os quatro evangelhos tenham sido escritos por homens (ou grupos de homens), o lugar ocupado pelas mulheres não foi apagado. Se podemos hoje estudar a maneira inesperada pela qual Jesus se comporta com as mulheres, é porque os textos evangélicos dão esse testemunho. Isso é particularmente verdade nos textos sobre a Ressurreição, que são o coração da fé cristã.

O esquecimento secular das mulheres não é, portanto, o resultado do comportamento de Jesus, tampouco de uma escritura masculinista, mas o fruto de uma *leitura* feita até recentemente. Constatar esse fato é extraordinariamente reconfortante, pois, se os textos não são misóginos, é fácil modificar nossos hábitos de leitura; aliás, é isso que se passa quando são as mulheres que leem os textos, meditam sobre eles e os comentam.

Jesus foi, portanto, um precursor na sua atitude em relação às mulheres, e o mínimo que se pode dizer é que ele não foi compreendido nem seguido nesse ponto. Resta saber se ele as "preferia", como sugere o título deste livro. Podemos argumentar quanto à sua constante benevolência para com elas, quanto ao fato de que são elas as primeiras a receber o anúncio da ressurreição. Mas também podemos considerar mais seriamente a Encarnação. Jesus era um homem, do sexo masculino, não um anjo, não um espírito: um ser humano de carne e sangue. Podemos dizer que ele preferia a companhia das mulheres simplesmente porque era um homem? Nada permite afirmar isso, a não ser a sensibilidade das mulheres que leem o Evangelho e observam esse homem viver, agir, falar.

Sou uma dessas mulheres, e quanto a isso não tenho dúvida alguma: sim, Jesus preferia as mulheres.

# ANEXO: MULHERES SACERDOTISAS? O QUE DIZ A IGREJA CATÓLICA

A regra da Igreja Católica é e permanece muito firme: ela não pode ordenar mulheres para o sacerdócio e menos ainda para o episcopado. Esse princípio foi enunciado pelo papa Paulo VI, em 1976, na Declaração *Inter insigniores*, confirmada pelo papa João Paulo II, em 1994, na Declaração *Ordinatio sacerdotalis*. Os dois principais argumentos fazem parte da tradição – "A Igreja Católica nunca admitiu que as mulheres pudessem receber validamente a Ordenação presbiteral ou episcopal" – e, por outro lado, a atitude do próprio Jesus – "Jesus Cristo não chamou mulher alguma para fazer parte do grupo dos Doze. Se Ele agia desse modo, não era para se conformar com os usos da época, porque a atitude de Jesus em relação às mulheres contrasta singularmente com aquela que existia no seu meio ambiente e assinala uma ruptura voluntária e corajosa" (*Inter insigniores*).

O argumento da tradição é indiscutível: a Igreja nunca ordenou mulheres durante séculos, e foi preciso esperar o final do século XX para que Igrejas cristãs, separadas de Roma, decidissem dar esse passo,[1] considerando que a evolução dos costumes e a emancipação das mulheres constituíam razões suficientes para modificar uma tradição que, segundo elas, era apenas um hábito cultural. A Igreja Católica, no entanto, estima que não pode contrariar essa tradição porque ela seria contrária à vontade do próprio Jesus, que mostrava tal liberdade relativa aos usos do seu tempo, que sua escolha exclusiva de homens só podia ser deliberada. A afirmação é exata quanto aos Doze: Jesus realmente

---

1. É o caso, por exemplo, da Igreja Anglicana, a partir de 1994.

escolheu doze homens para acompanhá-lo de modo particular. O fato é atestado por todos os evangelhos, e os Atos dos Apóstolos narram a eleição de um décimo segundo para substituir Judas, depois da morte deste, o que prova a importância desse grupo. Falta provar que a escolha dos Doze corresponde a uma vontade de Jesus em relação aos padres, e é exatamente aí que o argumento é altamente discutível.

De fato, quando Jesus chama doze homens, trata-se claramente de restituir a figura dos doze filhos de Jacó que, segundo a Bíblia, estão na origem das doze tribos que constituem o povo de Israel. Existe certamente aí, da parte de Jesus, uma vontade de renovar uma aliança com o povo. A promessa tinha sido feita pelos profetas, em particular por Jeremias e Ezequiel, e Jesus a cumpriu. Diz Jeremias:

> Eis que dias virão [...] em que concluirei com a casa de Israel (e com a casa de Judá) uma aliança nova [...], oráculo de Iahweh. Porei minha lei no fundo de seu ser e a escreverei em seu coração. Então, serei seu Deus e eles serão meu povo (Jeremias 31:31-33).

Essa instituição dos Doze significa alguma coisa. Mas eles representam o povo, não aparecem de forma alguma como padres. Aliás, não há nenhum padre em todo o Novo Testamento, a não ser o grande padre do judaísmo e o próprio Jesus, que a Carta aos Hebreus descreve como o novo grande padre. Imputar a Jesus a decisão de não chamar mulheres para constituir o clero implica que ele tenha-lhe estabelecido as bases. Isso, porém, não é verdade. Não há nenhum padre nas primeiras comunidades cristãs, nem nos Atos dos Apóstolos, nem nas cartas de Paulo, nem em nenhum outro escrito. A constituição de um clero começa mais tarde, durante o século II. É nesse momento que cria raízes a tradição de não chamar as mulheres.

Podemos, aliás, pensar pela via do absurdo: se a escolha que Jesus fez dos Doze deve guiar a escolha do clero, por que são ordenados dezenas de padres e bispos em vez de nos limitarmos a doze (onze, em torno de Pedro), de uma forma ou outra? Por que, já que Jesus só escolheu homens judeus, são escolhidos hoje homens que não são judeus? Por que, na escolha restritiva de doze homens judeus, preserva-se apenas a palavra "homens", e não "doze" ou "judeus"?

Sendo bastante evidente a fragilidade desse raciocínio, apoiado na escolha dos Doze pelo próprio Jesus, um último argumento, pretensamente decisivo, é levantado: sendo Jesus um homem, é preciso que os padres que representam o Cristo também o sejam para que se "assemelhem" a ele. Somos tentados aqui pela ironia: os honoráveis idosos, com seus paramentos nas cores do Vaticano, têm a intenção de representar, de modo "semelhante", o carpinteiro de trinta anos que percorria os caminhos da Galileia? A masculinidade do ministro do culto também teria uma simbologia esponsal, selando o casamento entre o padre (macho) e a assembleia (fêmea). Essa visão do sacerdócio é limitada pelo fato de que o padre não representa apenas o Cristo (*in persona Christi*), mas representa também a assembleia (*in persona Ecclesiæ*), segundo a declaração *Inter insigniores*: "O sacerdote, sobretudo quando ele preside às ações litúrgicas e sacramentais, representa igualmente a Igreja: ele age em nome da mesma Igreja, com 'a intenção de fazer aquilo que ela faz'. Neste sentido, os teólogos da Idade Média diziam que o ministro age também '*in persona Ecclesiæ*', ou seja, em nome de toda a Igreja e para a representar."

Nesse assunto tão sério, seria mais honesto afirmar que a escolha exclusiva de um clero masculino remonta a uma tradição muito antiga e que, por essa muito venerável razão, é preciso examinar com prudência toda e qualquer mudança, respeitar, avaliar sem pressa, pesar as coisas... e talvez aproveitar a ocasião para colocar em questão novamente a figura do padre e o papel do clero. Quando uma instituição encontra dificuldades para recrutar novos quadros, como acontece com a Igreja Católica, em todos os países onde a emancipação das mulheres é um fato, seria talvez bastante oportuno abrir o debate, em vez de querer encerrá-lo com um argumento autoritário.

Dados Internacionais de Catalogação na Publicação (CIP)
de acordo com ISBD

P371j    Pedotti, Christine

*Jesus, o homem que preferia as mulheres* / Christine Pedotti; traduzido por Hortência Lencastre. - São Paulo : n-1 edições, 2024.
132 p. ; 14cm x 21cm.

Tradução de: *Jésus, l'homme qui préférait les femmes*
ISBN: 978-65-6119-002-2

1. Filosofia e Cristianismo. 2. Cristianismo. 3. Feminismo. 4. Vaticanologia. 5. Evangelhos. 6. Exegese. I. Lencastre, Hortência. II. Título.

2024-264

CDD: 201
CDU: 1:2

**Elaborado por Vagner Rodolfo da Silva - CRB-8/9410**

**Índices para catálogo sistemático:**
1. Filosofia e Cristianismo 201
2. Filosofia e Cristianismo 1:2

## n-1

O livro como imagem do mundo é de toda maneira uma ideia insípida. Na verdade não basta dizer Viva o múltiplo, grito de resto difícil de emitir. Nenhuma habilidade tipográfica, lexical ou mesmo sintática será suficiente para fazê-lo ouvir. É preciso fazer o múltiplo, não acrescentando sempre uma dimensão superior, mas, ao contrário, da maneira mais simples, com força de sobriedade, no nível das dimensões de que se dispõe, sempre n-1 (é somente assim que o uno faz parte do múltiplo, estando sempre subtraído dele). Subtrair o único da multiplicidade a ser constituída; escrever a n-1.

Gilles Deleuze e Félix Guattari

n-1edicoes.org

v. 1f50248